国家电网有限公司
STATE GRID
CORPORATION OF CHINA

（2022版）

国家电网有限公司
供应商资质能力信息核实规范

第二册
35kV及以上输变电装置性材料

国家电网有限公司　组编

中国电力出版社
CHINA ELECTRIC POWER PRESS

内 容 提 要

本书是“国家电网有限公司供应商资质能力信息核实规范（2022 版）”中的《35kV 及以上输变电装置性材料》分册，包括 35kV 及以上杆塔类，35kV 及以上导、地线，电力特种光缆，交流 35kV 及以上架空线路用绝缘子，直流架空线路用绝缘子，35kV 及以上输电线路金具，OPGW 金具 7 项供应商资质能力核实规范。

本书可供电力企业物资管理、数据管理等相关专业的工作人员及电力企业物资供应商参考学习。

图书在版编目（CIP）数据

国家电网有限公司供应商资质能力信息核实规范. 第二册，35kV 及以上输变电装置性材料：2022 版 / 国家电网有限公司组编. —北京：中国电力出版社，2022.12

ISBN 978-7-5198-7136-9

Ⅰ. ①国… Ⅱ. ①国… Ⅲ. ①电力工业–工业企业管理–供销管理–管理规程–中国②输配电–电力工程–工程材料–供销管理–管理规程–中国 Ⅳ. ①F426.61-65

中国版本图书馆 CIP 数据核字（2022）第 187465 号

出版发行：中国电力出版社
地　　址：北京市东城区北京站西街 19 号（邮政编码 100005）
网　　址：http://www.cepp.sgcc.com.cn
责任编辑：王蔓莉
责任校对：黄　蓓　郝军燕
装帧设计：张俊霞
责任印制：石　雷

印　　刷：三河市百盛印装有限公司
版　　次：2022 年 12 月第一版
印　　次：2022 年 12 月北京第一次印刷
开　　本：787 毫米×1092 毫米　16 开本
印　　张：9.25
字　　数：205 千字
印　　数：0001—3000 册
定　　价：48.00 元

工　作　组

组　长　熊汉武

副组长　孙　萌　樊　炜　储海东　陈金猛

成　员　牛艳召　曾思成　刘岩松　党　冬　黄　柱　宋述贵
张　斌　张婧卿　孔宪国　王　冬　倪长爽　李　凌
耿　庆　王　兵　刘　松　李　萍　谢晓非　郝嘉诚
汪　贝　姜璐璐　李思行　许志斌　田　宇　刘晨晨
崔　强　高彦龙　王　伟　吴春生　周　京　冯三勇
孙宏志　陈之浩　韩　飞　陈　瑜　骆星智　章义贤
谢先明　吴　云　车东昀　吴皇均　王杨宁　周银春
金涌川　范文波　董德坤　刘红星　李　珂　南　天
陈文强　李伟锋　张　亮　王倩倩

《国家电网有限公司供应商资质能力信息核实规范（2022版）第二册　35kV及以上输变电装置性材料》

本册编写人员

张　军　冯学斌　陈金猛　张婧卿　李　凌　孔宪国

王　冬　倪长爽　王　兵　刘　松　李　萍　谢晓非

郝嘉诚　汪　贝　姜璐璐　李思行　许志斌　刘晨晨

资永松　杜振奎　陆敏杰　刘　臻　秦　凯　安慧蓉

于　晶　郭　毅　刘志强　毛　艳　井　谦　朱尊男

武文华　王帅伟　邢　军　张志晓　童　豪　刘　龙

王　煦　顾　建　吕　刚　王国俊　司佳钧　邢海军

何健鹏　辛　鹏　吕永胜　江　玲

前　言

国家电网有限公司采购电网设备材料主要采用公开招标的方式。在电网设备材料的招标文件中，对投标人的资质业绩、生产能力做了明确要求。供应商投标时，在投标文件中需要提供与资质业绩、生产能力相关的大量支持文件，专家在评标时也只能根据投标文件对供应商进行评价。为减少供应商制作投标文件时的重复性劳动，国家电网有限公司开展供应商资质能力信息核实工作。

为确保供应商资质能力信息核实工作的严谨规范，国家电网有限公司组织编制了涵盖主要输变电设备材料等物资的供应商资质能力信息核实规范，并按物资类别及适用范围分编为35kV及以上输变电设备，35kV及以上输变电装置性材料，营销、二次设备、信息化设备、通信设备，配电网设备和配电网材料五册，对供应商资质情况、设计研发、生产制造、试验检测、原材料/组部件管理等方面的核实内容、核实方法、有关要求做了明确的规定。核实规范是国家电网有限公司开展供应商资质能力信息核实的依据，同时供应商也可以对照进行自查和改进。

当前，面临保障安全可靠供应、加快清洁低碳转型、助力实现"双碳"目标重大战略任务，国家电网有限公司积极发挥能源电力产业链供应链链主企业优势，引导供应商向绿色制造、智能制造、低碳制造发展，在供应商资质能力信息核实规范中增加了供应商绿色化、智能化、数字化转型等方面的内容，适用范围扩展到特高压设备、材料等，同时依据现行国家标准、行业标准、团体标准、企业标准等标准化文件，对核实规范条款进行了优化完善。

国家电网有限公司将供应商资质能力信息核实作为一项常态化工作，定期组织开展，供应商自愿参加。供应商将相关资质业绩信息填入电子商务平台中的结构化模板，国家电网有限公司组织相关专家根据供应商提交的支持性材料，以及通过现场核对的方式对电子商务平台中的信息进行核实。已核实的资质能力信息，供应商投标时应用，可不再出具对应事项的原始证明材料，实现"基本信息材料一次收集、后续重复使用并及时更新"。这不仅大大降低了投标成本，也避免了供应商在制作投标文件时因人为失误遗漏部分材料而导致的废标，进一步优化了营商环境。

资质能力信息核实并非参与投标的前置必备条件，未参加核实的供应商仍可正常参与招投标活动。国家电网有限公司没有"合格供应商名录"。2020年开始，取消"一纸证明"发放，强化信息在线公示及应用，供应商随时登录电子商务平台查看，核实过的资质能力信息，供应商投标时直接在线应用，但不是资格合格标志，只作为评标时评审参考。

核实规范在编制中，得到了国家电网有限公司各单位、相关专家及部分供应商的大力支持与配合，在此表示衷心的感谢！

核实规范涉及内容复杂，不足之处在所难免，希望国家电网有限公司系统内外各单位及相关供应商在应用过程中多提宝贵意见。

编　者

2022 年 10 月

总 目 录

35kV 及以上杆塔类供应商资质能力信息核实规范

目　次

35kV 及以上杆塔类供应商资质能力信息核实规范

1 范围

本文件规定了国家电网有限公司对杆塔类产品供应商的资质条件及制造能力信息进行核实的依据。

本文件适用于国家电网有限公司杆塔类产品供应商的信息核实工作。包括：

a） 35kV 及以上电压等级角钢铁塔（简称角钢塔）；

b） 35kV 及以上电压等级角钢钢管组合铁塔（简称钢管塔）、大跨越角钢钢管组合铁塔（指呼称高 100m 以上角钢钢管组合跨越铁塔，简称大跨越组合钢管塔）和变电站构支架；

c） 35kV 及以上电压等级钢管杆（桩）。

2 规范性引用文件

下列文件中的内容通过文中的规范性引用而构成本文件必不可少的条款。其中，注日期的引用文件，仅该日期对应的版本适用于本文件；不注日期的引用文件，其最新版本（包括所有的修改单）适用于本文件。

GB/T 41 1 型六角螺母 C 级

GB/T 228.1 金属材料 拉伸试验 第一部分：室温试验方法

GB/T 699 优质碳素结构钢

GB/T 700 碳素结构钢

GB/T 706 热轧型钢

GB/T 709 热轧钢板和钢带的尺寸、外形、重量及允许偏差

GB/T 1591 低合金高强度结构钢

GB/T 2694 输电线路铁塔制造技术条件

GB/T 2975 钢及钢产品力学性能试验取样位置及试验制备

GB/T 3098.1 紧固件 机械性能 螺栓 螺钉和螺柱

GB/T 3098.2 紧固件 机械性能 螺母 粗牙螺纹

GB/T 5117 非合金钢及细精粒钢焊条

GB/T 5118 低合金钢焊条

GB/T 5267.3 紧固件 热浸镀锌层

GB/T 5780 六角头螺栓 C 级

GB/T 8162 结构用无缝钢管

GB/T 9445 无损检测人员试验资格鉴定与认证

GB/T 10045　非合金钢及细精粒钢药芯焊丝
GB/T 11345　焊缝无损检测　超声检测、技术、检验等级和评定
GB/T 12470　埋弧焊用热强钢实心焊丝、药芯焊丝和焊丝—焊剂组合分类要求
GB/T 13912　金属覆盖层　钢铁制件热浸镀锌层技术要求及实验方法
GB/T 29711　焊缝无损检测　超声检测　焊缝中的显示特征
GB/T 29712　焊缝无损检测　超声检测　验收等级
GB/T 50661　钢结构焊接规范
DL/T 646　输变电钢管结构制造技术条件
DL/T 764.4　输电线路铁塔及电力金具紧固件冷镦热浸镀锌螺栓与螺母
HG/T 2537　焊接用二氧化碳
HG/T 3728　焊接用混合气　氩—二氧化碳
JB/T 3223　焊接材料质量管理规程
JB/T 4730.4　承压设备无损探伤　第 4 部分：磁粉探伤
JB/T 4730.5　承压设备无损探伤　第 5 部分：渗透探伤
Q/GDW 384　输电线路钢管塔加工技术规程
Q/GDW 705　输电线路钢管塔用法兰
Q/GDW 706　输电铁塔用热轧大规格等边角钢
Q/GDW 707　输电线路钢管塔薄壁管对接焊缝超声波检验及质量评定
Q/GDW 708　输电杆塔高强钢焊接及热加工技术规程
国家电网有限公司物资采购标准　杆塔卷

3　资质信息

3.1　企业信息

3.1.1　※基本信息

查阅营业执照。

供应商为中华人民共和国境内依法注册的法人或其他组织。

3.1.2　法定代表人/负责人信息

查阅法定代表人/负责人身份证（或护照）。

3.1.3　财务信息

查阅审计报告、财务报表，其中审计报告为具有资质的第三方机构出具。

3.1.4　资信等级证明

查阅银行或专业评估机构出具的证明。

3.1.5　注册资本和股本结构

查阅验资报告。

3.2　报告证书

3.2.1　检验报告（适用于 **35kV** 及以上角钢塔）

查阅检验报告、送样样品生产过程记录以及其他支撑资料。

a） 具有国家质量监督检验检疫总局授权的检测机构出具的相应检验报告；

b） 检验报告的委托方和产品制造方均为供应商自身；

c） 高电压等级检验报告可覆盖低电压等级的检验报告。

3.2.2 产品检验合格证书及相应检验报告（适用于35kV及以上钢管塔、变电站构支架和钢管杆）

查阅产品检验合格证书及相应检验报告、送样样品生产过程记录以及其他支撑资料。

a） 具有检测机构出具的产品检验合格证书及相应检验报告，检测机构具有计量认证合格证书，且证书附表检验范围涵盖所核实产品。

b） 产品检验合格证书及相应检验报告的委托方和产品制造方均为供应商自身。

c） 产品检验合格证书在有效期内，电压等级覆盖相应产品。

3.2.3 ※管理体系认证

查阅管理体系认证证书，具有质量管理体系证书，证书在有效期内，有定期年检记录且认证范围涵盖被核实产品。

3.3 产品业绩

查阅供货合同及相对应的销售发票。

a） 合同的供货方和实际产品的生产方均为供应商自身。

b） 不予统计的业绩有（包括但不限于）：

1） 与同类产品制造厂之间的业绩；

2） 在试验室或试验站的业绩；

3） 与代理商之间的业绩（出口业绩除外）；

4） 与非最终用户（即业主单位或负责所供货物运行、生产的单位以外的主体）签订的供货合同；

5） 出口业绩的外贸合同、发票、报关单及对应产品型号等信息资料难以核实或不全的。

4 设计研发能力

4.1 技术来源与支持

查阅与合作支持方的协议及设计文件图纸等相关资料。

4.2 设计研发内容

查阅新产品新材料的设计、试验、关键工艺技术、质量控制方面的研发情况。

4.3 设计研发人员

查阅设计研发部门的机构设置及放样人员等信息。

4.4 设计研发工具或软件

查阅设计研发工具或放样软件的名称、使用情况等信息。

4.5 设计图纸

查阅图纸型号、设计图纸来源、升级方式等相关信息。

4.6 获得专利情况

查阅专利证书。

4.7 参与标准制（修）订情况

查阅参与制（修）订并已颁布的标准等证明材料信息。

4.8 参与的重大项目

查阅参与重大项目的资料信息。

4.9 产品获奖情况

查阅获奖证书等相关信息。

4.10 商业信誉

查阅企业相关国家、行业或第三方发布的综合实力、品牌等排名。

5 生产制造能力

5.1 ※生产厂房

查阅不动产权证书、土地使用权证、房屋产权证、厂房设计图纸、用电客户编号等相关信息。

具有与产品生产相配套的厂房，厂房若为租用提供租用合同。

其厂房面积、生产环境和工艺布局按从原材料、组部件到产品入库所规定的每道工序的工艺文件及工艺技术的要求合理布局工艺流程，且能保证被核实产品的生产。

5.2 生产工艺

5.2.1 ※工艺控制文件

查阅工艺控制文件、管理体系文件等相关资料。

a） 35kV～750kV 杆塔类：主要生产工艺和工序控制点（放样、下料、制孔、制弯、焊接、镀锌、检验、试组装等）的工艺文件，依据的技术标准正确，各工序控制参数满足国家标准、电力行业标准、国家电网有限公司企业标准和物资采购标准、工艺要求。作业指导书齐全且具有可操作性。焊接工艺评定文件支撑焊接作业文件。工艺管理制度健全。

b） 特高压杆塔类：主要生产工艺和工序控制点（放样、下料、成型、制孔、装配、焊接、焊缝检验、矫正、试组装、热浸镀锌（含镀锌检验）、标记与包装、贮存与运输等）的工艺文件，依据的技术标准正确，各工序控制参数满足相应的国家标准、电力行业标准、国家电网有限公司企业标准和物资采购标准、工艺要求。作业指导书齐全且具有可操作性。具有与承担的工程相适应的焊接工艺评定文件，评定项目、内容符合 GB 50661 的要求。工艺管理制度健全。

5.2.2 关键生产工艺控制

查阅工艺流程控制记录等相关资料。

产品工艺技术成熟、稳定。从原材料/组部件到产品入库所规定的每道工序的工艺技术能保证产品生产的需要。生产产品的各个工序按工艺文件执行，现场记录内容规范、详实，具有可追溯性。

5.3 ※生产设备

查阅设备的现场实际情况及设备购置发票等相关信息。

a） 具有与产品生产相适应的设备，且设备使用情况良好。特高压类产品主体部分自行生产，螺栓、钢管、法兰等允许外购。各类型产品具有的配套生产设备应符合附录A。

b） 设备使用正常，并建立设备管理档案（包括使用说明、台账、保养维护记录等），其保养维护等记录规范、详实，具有可追溯性。

5.4 ※生产、技术、质量管理人员

查阅人力资源部门管理文件（如劳动合同、社保证明、人员花名册等），包括生产、技术、质量管理等人员数量，结合现场实际情况，观察现场人员的操作水平。

a） 具有生产需要的专职生产、技术人员。生产人员培训上岗，电焊工持有资格证。

b） 各类型产品关键岗位人员要求应符合附录B。

c） 具有质量管理组织机构及人员。

6 试验检测能力

6.1 ※试验场所

查看试验场所现场情况。

具有独立的试验室，试验室面积和环境满足试验要求。

6.2 试验检测管理

查阅相关的规章制度文件、过程记录及出厂试验报告等相关信息。

具有试验室管理制度、操作规程、试验标准，并在操作过程中严格按照规程执行。

6.3 ※试验检测设备

查阅设备的现场实际情况及设备购置发票等相关信息。

a） 具备完成理化检测、锌层检测和无损探伤的能力。试验设备经过计量检定合格，且在有效期内，满足所测项目精度要求。各类型产品具有的配套试验设备应符合附录C。

b） 建立设备管理档案（包括使用说明、台账、保养维护记录等），其保养维护等记录完整，具有可追溯性。

6.4 ※试验检测人员

查阅人力资源部门管理文件（如劳动合同、社保证明、人员花名册等）、人员资质证书及培训记录。

具有相应数量的试验检测技术人员，试验检测人员具有资格证书。试验人员能熟练操作试验设备和仪器仪表，并掌握试验方法，熟悉国家标准、电力行业标准、国家电网有限公司企业标准和物资采购标准，能熟练和准确判断试验结果是否满足国家标准、电力行业标准、国家电网有限公司企业标准和物资采购标准要求。各类型产品试验人员的要求应符合附录B。

6.5 现场抽样

6.5.1 产品部件抽样检测

原则上现场应对与被核实产品相同或相近型式的产品进行抽样检验。样品应在供应商声明的合格产品中抽取，抽样检验项目一般在出厂试验项目中选取。抽样检验重点核实供应商试验方法、试验场地环境、人员操作能力、仪器设备有效性和产品性能等方面。

现场抽取产品样本进行实物检测，如现场无所核实电压等级产品的成品，按照现场最高电压等级产品的成品来进行抽样。

角钢塔现场抽样部件产品：抽样范围包括焊接件、火曲件、角钢主材、辅材、接头背铁、镀锌件、连接板至少各 2 支。检查项目包括焊缝尺寸及表面质量，火曲角度，构件长度、规格、孔形、孔距、弯曲度，锌层表面质量和厚度、附着性等。

钢管塔（大跨越组合钢管塔）、钢管杆（桩）、变电站构支架现场抽样部件产品：抽样范围包括焊接件、主材、辅材、法兰、镀锌件、连接板至少各 2 支。检查项目包括焊缝尺寸及表面质量，构件外形尺寸、厚度、孔形、孔距、弯曲度，锌层表面质量和厚度、附着性等。

6.5.2 检测报告抽样

现场抽查原材料力学性能试验、化学成分分析、成品件/半成品件无损检测、试组装、零部件、镀锌等检测报告，每项检测报告至少抽查 2 份。检测报告项目齐全，数据准确，填写规范，内容符合相关技术国家标准、电力行业标准、国家电网有限公司企业标准和物资采购标准要求。理化检测和无损检测报告由本厂有资质的试验人员出具。

7 原材料/组部件管理

7.1 管理规章制度

查阅原材料/组部件管理规章制度。

a） 具有严格的原材料及外购件（角钢、钢板、钢管、法兰、锌锭、焊材、螺栓等）管理制度。

b） 具有原材料供应商的评价制度。

c） 具有原材料进厂检验制度，并严格执行。

7.2 ※管理控制情况

查看原材料/组部件管理实际执行情况。

a） 查看原材料的采购计划，采购合同。按工程的采购计划优先利库时，标识库存材料的规格型号和数量及新采购材料的规格和数量。

b） 原材料入厂后按照相关国家标准、电力行业标准、国家电网有限公司企业标准和物资采购标准进行复检（含外观检验、化学成分检验、力学性能检验），复验记录完整，经过有资质人员审核签字确认。

c） 检验合格的原材料按材质分类存放整齐，标识清晰（至少包括钢厂名称、材质、规格、炉批号）且色标准确。严禁不同材质混放。

d） 材料的出入库管理规范，领用料记录体现工程名称、塔型、规格型号、数量、材料质保单号、钢材生产厂家、炉批号。确保原材料使用的可追溯性。

e） 原材料/组部件抽样：

1） 角钢塔的主要组部件（如角钢、钢板、紧固件等）进行随机抽样见证检验（现场抽检至少各3件，抽查项目包括表面质量、厚度、角钢肢宽、外形尺寸等），抽样角钢边宽度、边厚度及钢板厚度负偏差不超过国家标准的50%，且存在负偏差的抽检产品数量不超过所有抽检产品数量的50%。必要时见证力学性能试验过程。

2） 钢管塔（大跨越组合钢管塔）、钢管杆（桩）、变电站构支架的主要组部件（如钢板、钢管、角钢、法兰、紧固件等）进行随机抽样见证检验（现场抽检至少各3件，抽查项目包括表面质量、厚度、角钢肢宽、外形尺寸等），抽样角钢边宽度、边厚度及钢板厚度负偏差不超过国家标准规定的50%，且存在负偏差的抽检产品数量不超过所有抽检产品数量的50%。必要时见证力学性能试验过程。

8 数智制造

应用互联网和物联网技术，打造“透明工厂”，生产制造、试验检验、原材料/组部件管理等信息对买方公开，接入国家电网电工装备智慧物联平台。

加强数字基础设施建设，推动数字技术与先进制造技术融合发展。供应商相关业务数据、原材料/组部件检验数据、生产过程检验数据、出厂试验数据、成品信息数据和视频数据等支持自动采集或系统推送。数据接口需保障数据完整性、正确性、安全性，具有可扩展性、通信实时性等。

具有原材料/组部件数据及检验数据接入条件，从原材料采购直至原材料检验入库过程中关键工艺主要包括角钢、板材、钢管、法兰、紧固件5项。

具有工艺控制数据及检测数据接入条件，生产工艺流程中从放样生产开始直至镀锌完毕过程中关键工艺主要包括下料、制孔、制弯、焊接、镀锌工序5项。

具有出厂试验数据接入条件，从检验直至包装入箱过程中关键试验流程包括焊缝质量、镀锌质量、试组装3项。

具有视频接入条件，设备视频数据采集应包括原材料库房、化学实验室、力学实验室、下料及制孔工序、制弯、焊接、试组装、镀锌、网关机房9个区域。

9 绿色发展

查看供应商资源能源消耗情况、战略体系、绿色认证及其他支撑材料，包括：

a） 相关油、水、气、煤及电力、热力等能源消耗，建立能源利用统计报表制度，分析生产经营环节能源利用情况。

b） 相关绿色工厂认证、绿色产品标识、绿色供应链管理等相关资质文件。

c） 将绿色发展理念融入战略体系中，并形成明确的绿色发展目标，制定详实且具有操作性的实施路径。

d） 建立、实施并保持支撑企业绿色低碳发展的绿色管理体系情况，包括但不限于能源管理体系、碳排放管理体系、能源计量管理体系等。

e） 使用无害原材料，禁止使用国家明令禁止的淘汰设备、工艺技术等，并应用国家鼓励的节能设备与先进工艺技术情况。

f） 建立完善的绿色采购管理制度，推广绿色包装材料应用，并建立系统的循环利用体系，实施绿色制造情况。

g） 生产环节的大气污染物排放、水体污染物排放、固体废弃物排放、噪声排放等基础排放符合相关国家标准及地方标准要求情况。

10 售后服务及产能

查阅管理文件、组织机构设置、人员档案及售后服务记录等相关信息。

各类型产品产能按照附录 D、供应商现场实际生产情况及供应商提供的产能计算报告进行评估。主要考虑以下设备和工装情况：

a） 角钢塔：场地面积、角钢加工自动线、板材加工自动线、镀锌生产线（12m 及以上）等。

b） 钢管塔、变电站构支架：场地面积、板材加工自动线、埋弧自动焊接线、相贯线切割机、镀锌生产线（12m 及以上）等。

c） 钢管杆（桩）：场地面积、板材加工自动线、折弯机、埋弧自动焊接线、镀锌生产线（12m 及以上）等。

本文件中所有核实内容都将对供应商参与招投标活动有重要影响，其中标记“※”的内容是以往招标必备项的要求，也是重点核实内容，其他未标记“※”的为一般核实内容。

附 录 A
各类型产品具有的配套生产设备

各类型产品具有的配套生产设备应符合表 A.1。

表 A.1 各类型产品具有的配套生产设备

序号	生产设备
（一）角钢塔	
特高压角钢塔	
※1	具备冲孔自动生产线不少于 2 条；具备角钢钻孔自动生产线至少 1 条；具备板材自动冲孔和板材自动钻孔生产线至少各 1 条
※2	具备加工∠250×30 大规格角钢锯切设备
※3	具备ϕ80mm 钻床
※4	具备行程不小于 1000mm 的清根、铲背设备
※5	具有矫直设备，具有火曲加热炉
※6	具备 12m 长度构件的热镀锌能力
※7	具有剪板机
※8	二氧化碳气体保护焊机（或直流焊机）不少于 5 台，且有焊丝、焊条、焊剂保管专用库房和烘干设备
※9	具备试组装场地及设备
330kV～750kV 电压等级角钢塔、±400kV～±660kV 电压等级角钢塔	
※1	具备角钢冲孔自动生产线不少于 2 条；具备角钢钻孔自动生产线不少于 1 条；具备板材自动生产线不少于 2 条
2	具备板材、型钢下料自动切割设备
3	具备剪板机
※4	具备ϕ80mm 钻床
※5	具备行程不小于 1000mm 的清根、铲背设备
6	具备矫直设备、火曲加热炉
7	具备 12m 长度构件的热镀锌能力（330kV 及以上输电线路铁塔投标人自有镀锌设备或镀锌厂家为投标人参股或控股的独立法人；自有镀锌设备厂家提供排污许可证；参股或控股镀锌厂的铁塔投标人提供与镀锌厂家签订的镀锌合同及镀锌厂家的出资证明，同时提供镀锌厂的企业法人营业执照、排污许可证）
8	二氧化碳气体保护焊机（或直流焊机）不少于 5 台，且有焊丝、焊条、焊剂保管专用库房和烘干设备
※9	具备试组装场地及设备

表 A.1（续）

序号	生产设备
220kV 电压等级角钢塔	
※1	具备冲孔自动生产线不少于 1 条，角钢钻孔自动生产线不少于 1 条；板材自动生产线不少于 1 条
2	具备板材、型钢下料自动切割设备
3	具备剪板机
※4	具备ϕ80mm 钻床
※5	具备行程不小于 1000mm 的清根、铲背设备
6	具有矫直设备、火曲加热炉
7	具备 12m 长度构件的热镀锌能力（220kV 输电线路铁塔投标人自有镀锌设备或镀锌厂家为投标人参股或控股的独立法人或可外委；自有镀锌设备厂家提供排污许可证；参股或控股镀锌厂的铁塔投标人提供与镀锌厂家签订的镀锌合同及镀锌厂家的出资证明，同时提供镀锌厂的企业法人营业执照、排污许可证；镀锌外委时则有固定合作方，且铁塔供应商提供与镀锌厂签订的镀锌外委合同；同时提供镀锌厂的企业法人营业执照、排污许可证）
8	二氧化碳气体保护焊机（或直流焊机）不少于 5 台，且有焊丝、焊条、焊剂保管库
※9	具备试组装场地及设备
110kV 电压等级角钢塔	
※1	具备角钢及板材自动生产线
2	具备板材、型钢下料自动切割设备
3	具备剪板机
※4	具备清根、铲背设备
5	具备矫直设备、火曲加热设备
6	具备 9m 长度构件的热镀锌能力（35kV～110kV 输电线路铁塔投标人自有镀锌设备或镀锌厂家为投标人参股或控股的独立法人或可外委。自有镀锌设备厂家提供排污许可证。参股或控股镀锌厂的铁塔投标人提供与镀锌厂家签订的镀锌合同及镀锌厂家的出资证明，同时提供镀锌厂的企业法人营业执照、排污许可证。镀锌外委时则有固定合作方，且铁塔供应商应提供与镀锌厂签订的镀锌外委合同；同时提供镀锌厂的企业法人营业执照、排污许可证）
7	二氧化碳气体保护焊机（或直流焊机）不少于 2 台，且有焊丝、焊条、焊剂保管库
※8	具备试组装场地及设备
（二）钢管塔（大跨越组合钢管塔）、变电站构支架	
特高压钢管塔	
※1	具备角钢冲孔自动生产线以及角钢钻孔自动生产线至少各 1 条
※2	具备最大直径为ϕ25.5mm 的板材数控冲孔设备和最大直径为ϕ80mm 的板材钻孔设备
※3	具备钢管定长切割设备，可切割ϕ1000mm 钢管

表 A.1（续）

序号	生产设备
※4	具备数控相贯线切割机、开槽机和坡口加工设备
※5	具备数控板材切割机、剪板机、角钢清根及铲背设备；有角钢及钢管构件的矫直设备；有钢板成型所需的压力机、加热设备及相应工装模具
※6	具备钢管—法兰自动装配线至少 1 条，具备双端 4 枪焊接功能的钢管—法兰自动焊接线至少 1 条，或单端双枪焊接功能的钢管—法兰自动焊接线至少 2 条，满足ϕ273mm～ϕ1000mm 钢管—法兰组对和自动焊接要求
※7	有ϕ76mm～ϕ1000mm 钢管—法兰组装胎具至少 5 台套，有钢管—插板组装胎具至少 3 台套
※8	具备气体保护焊机及直流手弧焊机数量不少于 30 台，且有焊丝、焊条、焊剂专用库房和烘干设备。焊材管理符合 JB/T 3223 的要求
9	具有 13m×2.5m×2m 及以上热浸镀锌设备［热浸镀锌若外委（镀锌件的检验不得外委），满足下列要求：具有固定的热浸镀锌合作方，具有长期合作协议；提供与镀锌合作方签订的镀锌外委合同，合同内容中包含镀锌锅尺寸（要求 13m×2.5m×2m 及以上）、年产能，镀锌厂的生产面积等相关内容；提供镀锌合作方的企业法人营业执照、组织机构代码证、排污许可证等相关证明文件；具有对外委镀锌的质量技术控制措施］
※10	具备 10000m^2 以上的钢管塔生产车间；具备 4000m^3 以上的原材料堆放场地，6000m^2 以上的包装及成品堆放场地；至少具备 35m 根开铁塔立式试组装场地要求，至少有 4000m^2 的试组场地，至少有塔吊 1 台，满足对 5t 构件的吊装要求（如起吊设备为租赁设备，签订服务合同，明确其使用、安全管理等方面的内容）
330kV～750kV 电压等级钢管塔（大跨越组合钢管塔）、±400kV～±660kV 电压等级钢管塔、变电站构支架	
※1	具备角钢冲孔自动生产线及角钢钻孔自动生产线；具备板材自动冲孔和板材自动钻孔生产线
2	具备开槽机、坡口加工设备、矫直设备、火曲加热炉及钢管切割设备
※3	具备数控相贯线切割机
※4	具备剪板机、ϕ80mm 钻床及行程不小于 1000mm 的清根、铲背设备
5	具备钢管、法兰组对与自动焊接设备，满足ϕ273mm～ϕ800mm 钢管与法兰组对和自动焊接要求
6	具备二氧化碳气体保护焊机（或直流焊机）不少于 15 台，且有焊丝、焊条、焊剂保管专用库房和烘干设备
※7	具备 12m 长（或两台 6m 长）2400t 及以上的折弯机
※8	具备可处理 12m 长钢材的火焰自动切割机、自动焊接设备
9	具备 12m 长度构件的热镀锌能力（330kV 及以上输电线路铁塔投标人自有镀锌设备或镀锌厂家为投标人参股或控股的独立法人；自有镀锌设备厂家提供排污许可证；参股或控股镀锌厂的铁塔投标人提供与镀锌厂家签订的镀锌合同及镀锌厂家的出资证明，同时提供镀锌厂的企业法人营业执照、排污许可证）
※10	具备试组装场地及设备；具备相应根开的钢管塔试组装条件

表 A.1（续）

序号	生产设备
220kV 电压等级钢管塔（大跨越组合钢管塔）、变电站构支架	
※1	具备角钢、板材的冲孔及钻孔自动生产线
2	具备矫直设备、火曲加热炉及钢管切割设备
※3	具备数控相贯线切割机
※4	具备剪板机、ϕ80mm 钻床及行程不小于 1000mm 的清根、铲背设备
5	具备钢管、法兰组对及自动焊接设备
6	具备二氧化碳气体保护焊机（或直流焊机）不少于 15 台，且有焊丝、焊条、焊剂保管专用库房和烘干设备
※7	具备 12m 长（或两台 6m 长）2400t 及以上的折弯机
※8	具备可处理 12m 长钢材的火焰自动切割机、自动焊接设备
9	具备 12m 长度构件的热镀锌能力（220kV 输电线路铁塔投标人自有镀锌设备或镀锌厂家为投标人参股或控股的独立法人或可外委；自有镀锌设备厂家提供排污许可证；参股或控股镀锌厂的铁塔投标人提供与镀锌厂家签订的镀锌合同及镀锌厂家的出资证明，同时提供镀锌厂的企业法人营业执照、排污许可证；镀锌外委时则有固定合作方，且铁塔供应商提供与镀锌厂签订的镀锌外委合同，同时提供镀锌厂的企业法人营业执照、排污许可证）
※10	具备试组装场地及设备；具备相应根开的钢管塔试组装条件
110kV 电压等级钢管塔、变电站构支架	
※1	具备角钢及板材自动生产线
2	具备板材、型钢下料自动切割设备、火曲加热设备
※3	具备剪板机、12m 长或两台 6m 长的折弯机（2400t 及以上）
※4	具备可处理 12m 长钢材的火焰自动切割机、自动焊接设备
※5	具备数控相贯线切割机
※6	具备ϕ80mm 钻床
7	二氧化碳气体保护焊机（或直流焊机）不少于 5 台，且有焊丝、焊条、焊剂保管专用库房和烘干设备
8	具备 9m 长度构件的热镀锌能力（35kV～110kV 输电线路铁塔投标人自有镀锌设备或镀锌厂家为投标人参股或控股的独立法人或可外委；自有镀锌设备厂家提供排污许可证；参股或控股镀锌厂的铁塔投标人提供与镀锌厂家签订的镀锌合同及镀锌厂家的出资证明，同时提供镀锌厂的企业法人营业执照、排污许可证；镀锌外委时则有固定合作方，且铁塔供应商提供与镀锌厂签订的镀锌外委合同，同时提供镀锌厂的企业法人营业执照、排污许可证）
※9	具备试组装场地及设备
（三）钢管杆（桩）	
220kV 电压等级钢管杆（桩）	
※1	具备剪板机、12m 长（或两台 6m 长）2400t 及以上的折弯机

表 A.1（续）

序号	生产设备
※2	具备可处理 12m 长钢材的火焰自动切割机、自动焊接设备
※3	具备ϕ80mm 钻床
4	具备火曲加热炉、二氧化碳气体保护焊机（或直流焊机）不少于 10 台，且有焊丝、焊条、焊剂保管专用库房和烘干设备
5	具备 12m 长度构件的热镀锌能力（220kV 输电线路铁塔投标人自有镀锌设备或镀锌厂家为投标人参股或控股的独立法人或可外委；自有镀锌设备厂家提供排污许可证；参股或控股镀锌厂的铁塔投标人提供与镀锌厂家签订的镀锌合同及镀锌厂家的出资证明，同时提供镀锌厂的企业法人营业执照、排污许可证；镀锌外委时则有固定合作方，且铁塔供应商提供与镀锌厂签订的镀锌外委合同，同时提供镀锌厂的企业法人营业执照、排污许可证）
※6	具备试组装场地及设备
110kV 电压等级钢管杆（桩）	
※1	具备剪板机、12m 长（或两台 6m 长）2400t 及以上的折弯机
※2	具备可处理 12m 长钢材的火焰自动切割机、自动焊接设备
※3	具备ϕ80mm 钻床
4	具有火曲加热设备、二氧化碳气体保护焊机（或直流焊机）不少于 5 台，且焊丝、焊条、焊剂保管专用库房和烘干设备
5	具备 9m 长度构件的热镀锌能力（35kV～110kV 输电线路铁塔投标人自有镀锌设备或镀锌厂家为投标人参股或控股的独立法人或可外委；自有镀锌设备厂家提供排污许可证；参股或控股镀锌厂的铁塔投标人提供与镀锌厂家签订的镀锌合同及镀锌厂家的出资证明，同时提供镀锌厂的企业法人营业执照、排污许可证；镀锌外委时则有固定合作方，且铁塔供应商提供与镀锌厂签订的镀锌外委合同，同时提供镀锌厂的企业法人营业执照、排污许可证）
※6	具备试组装场地及设备

附　录　B
各类型产品关键岗位人员要求

各类型产品关键岗位人员应符合表 B.1 所列要求。

表 B.1　各类型产品关键岗位人员要求

序号	关键岗位人员
（一）角钢塔	
特高压角钢塔	
※1	放样人员不少于 15 人
※2	持证焊工不少于 15 人
※3	Q420 材质以上高强钢焊工不少于 4 人
※4	持有电网钢结构焊接技术管理人员资格证的人员不少于 2 人
※5	持证超声波无损检测人员至少 2 人，其中Ⅱ级及以上至少 1 人
※6	持证力学性能和化学分析试验技术人员至少各 2 人
500kV～750kV 电压等级角钢塔、±400kV～±660kV 电压等级角钢塔	
1	放样人员不少于 15 人
2	持证焊工不少于 15 人
3	Q420 材质以上高强钢焊工不少于 4 人
4	焊接技术管理持证人员不少于 2 人
※5	持证超声波无损检测人员至少 2 人，其中Ⅱ级及以上至少 1 人
※6	持证力学性能和化学分析试验技术人员至少各 2 人
330kV 电压等级角钢塔	
1	放样人员不少于 10 人
2	持证焊工不少于 10 人
3	Q420 材质以上高强钢焊工不少于 3 人
4	焊接技术管理持证人员不少于 2 人
※5	持证超声波无损检测人员至少 2 人，其中Ⅱ级及以上至少 1 人
※6	持证力学性能和化学分析试验技术人员至少各 2 人
220kV 电压等级角钢塔	
1	放样人员不少于 5 人
2	持证焊工不少于 6 人
3	Q420 材质以上高强钢焊工不少于 2 人

表 B.1（续）

序号	关键岗位人员
※4	持证超声波无损检测人员至少 2 人，其中Ⅱ级及以上至少 1 人
※5	持证力学性能和化学分析试验技术人员至少各 2 人
110kV 电压等级角钢塔	
1	放样人员不少于 3 人
2	持证焊工不少于 5 人
※3	持证力学性能和化学分析试验技术人员至少各 2 人
（二）钢管塔（大跨越组合钢管塔）、变电站构支架	
特高压钢管塔	
※1	放样技术人员不少于 15 人
※2	持有电网钢结构焊工资格证的焊工人数至少 30 人，焊机操作工至少 3 人，人员总数至少 33 人
※3	持有电网钢结构焊接技术管理人员资格证的人员至少 2 人
※4	持有超声波检测Ⅱ级及以上无损检验资格证书的人员至少 2 人；持有薄壁管焊接超声波检验专项资格的人员至少 2 人；持有磁粉或渗透检测Ⅱ级及以上无损检验资格证书的人员至少 2 人；超声波（含薄壁管焊缝超声）检验人员、磁粉或渗透检验人员总数至少 4 人
※5	持证力学性能和化学分析试验技术人员至少各 2 人
500kV～750kV 电压等级钢管塔（大跨越组合钢管塔）、±400kV～±660kV 电压等级钢管塔、变电站构支架	
1	放样人员不少于 15 人
2	持电网钢管结构焊工资格证焊工不少于 20 人
3	焊接技术管理人员资格证技术人员不少于 2 人
4	Q420 材质以上高强钢焊工不少于 4 人
5	持证磁粉检验人员至少 2 人
※6	持证超声波无损检测人员至少 2 人，其中Ⅱ级及以上至少 1 人
※7	持证力学性能和化学分析试验技术人员至少各 2 人
330kV 电压等级钢管塔（大跨越组合钢管塔）、变电站构支架	
1	放样人员不少于 10 人
2	持电网钢管结构焊工资格证焊工不少于 15 人
3	焊接技术管理人员资格证技术人员不少于 2 人
4	Q420 材质以上高强钢焊工不少于 3 人
5	持证磁粉检验人员至少 1 人

表 B.1（续）

序号	关键岗位人员
※6	持证超声波无损检测人员至少 2 人，其中Ⅱ级及以上至少 1 人
※7	持证力学性能和化学分析试验技术人员至少各 2 人
220kV 电压等级钢管塔（大跨越组合钢管塔）、变电站构支架	
1	放样人员不少于 10 人
2	持证焊工不少于 10 人
3	Q420 材质以上高强钢焊工不少于 2 人
※4	持证超声波无损检测人员至少 2 人，其中Ⅱ级及以上至少 1 人
※5	持证力学性能和化学分析试验技术人员至少各 2 人
110kV 电压等级钢管塔、变电站构支架	
1	放样人员不少于 3 人
2	持证焊工不少于 5 人
※3	持证超声波无损检测人员至少 2 人，其中Ⅱ级及以上至少 1 人
※4	持证力学性能和化学分析试验技术人员至少各 2 人
（三）钢管杆（桩）	
220kV 电压等级钢管杆（桩）	
1	放样人员不少于 5 人
2	持证焊工不少于 10 人
3	Q420 材质以上高强钢焊工不少于 2 人
※4	持证超声波无损检测人员至少 2 人，其中Ⅱ级及以上至少 1 人
※5	持证力学性能和化学分析试验技术人员至少各 2 人
110kV 电压等级钢管杆（桩）	
1	放样人员不少于 3 人
2	持证焊工不少于 5 人
※3	持证超声波无损检测人员至少 2 人，其中Ⅱ级及以上至少 1 人
※4	持证力学性能和化学分析试验技术人员至少各 2 人

附 录 C
各类型产品具有的配套试验设备

各类型产品具有的配套试验设备应符合表 C.1。

表 C.1 各类型产品具有的配套试验设备

序号	试验设备
一、角钢塔	
※1	具备 600kN 及以上万能材料试验机和钢材化学分析设备（330kV 及以上电压等级角钢塔化学分析设备满足测定钒、铌等微量元素的要求）
※2	具备焊接探伤等无损检测设备
3	有对紧固件按 GB/T 3098.1 复检和剪切试验设备
※4	具备冲击试验机和低温槽，以及冲击试样缺口拉床（110kV 及以下电压等级角钢塔不做要求）
※5	具备锌层检测设备
二、钢管塔（大跨越组合钢管塔）、钢管杆（桩）、变电站构支架	
※1	具备 600kN 及以上万能材料试验机和钢材化学分析设备［330kV 及以上电压等级钢管塔、大跨越组合钢管塔、钢管杆（桩）和变电站构支架化学分析设备满足测定钒、铌等微量元素的要求］
※2	具备焊接探伤等无损检测设备
※3	具备对紧固件按 GB/T 3098.1、GB/T 3098.2 复检和剪切试验设备
※4	具备冲击试验机和低温槽，以及冲击试样缺口拉床、缺口投影仪［110kV 及以下电压等级钢管塔、钢管杆（桩）和变电站构支架不做要求］
※5	具备锌层检测设备
三、特高压角钢塔	
※1	具备 600kN 及以上万能材料试验机和化学元素分析仪等试验检测设备，能够测定 C、Si、Mn、P、S 五种元素，以及 V、Nb、Ti 等合金元素的含量
※2	具备焊接探伤等无损检测设备
※3	有对紧固件按 GB/T 3098.1、GB/T 3098.2 复检和剪切试验设备
※4	具备冲击试验机和低温槽，以及冲击试样缺口拉床
※5	具备镀锌层检测设备，能够进行镀锌层落锤试验、镀锌层均匀性试验（硫酸铜试验）、镀锌层附着量测试（溶解称重试验）和镀锌层厚度检测
四、特高压钢管塔	
※1	具备数字式焊缝超声波检测设备至少 2 台，配备相应的超声波检验探头和标准试块（含薄壁管焊接接头检验专用探头和试块）
※2	具备磁粉探伤检测仪器或渗透探伤专用试剂，并配备相应的专用灵敏度试块

表 C.1（续）

序号	试验设备
※3	具备 600kN 及以上万能材料试验机，并配备配套的拉伸、弯曲试验，小径管压扁试验，紧固件拉伸试验的模/夹具；有冲击试验机，并配备加工冲击试样缺口拉床、缺口投影仪及－40℃的低温槽，能进行低温冲击试验
※4	具备化学元素分析仪等试验检测设备，能够测定 C、Si、Mn、P、S 五种元素，以及 V、Nb、Ti 等合金元素的含量
※5	具备粗糙度检测仪、硬度计等检测仪器
※6	具备镀锌层检测设备，能够进行镀锌层落锤试验、镀锌层均匀性试验（硫酸铜试验）、镀锌层附着量测试（溶解称重试验）和镀锌层厚度检测

附　录　D
各类型产品产能估算公式

角钢塔产能按照表 D.1 估算。

表 D.1　角钢塔产能估算表

年产能万 t	厂区面积亩	厂区面积 m²	生产设备							试装场地及设备		放样人数名	流动资金万元（参考）
			角钢加工流水线			板材加工流水线		镀锌生产线（12m 及以上）		场地面积 m²	起吊设备（参考）		
			钻孔线条	冲孔线条	数控切割设备台	钻孔线条	冲孔线条	220kV 条	500kV 条				
2 及以下	80	53280	1	2	0	1	1	0	1	5000	汽车吊，1	5	600
2～3（含 3）	80	53280	2	4	1	1	1	0	1	5000	汽车吊，1	7	1000
3～4（含 4）	100	66600	2	4	1	1	2	1	1	10000	汽车吊，1	9	1500
4～5（含 5）	150	99900	2	4	1	2	2	1	2	10000	塔吊，1	11	2000
5～6（含 6）	150	99900	3	5	2	2	2	1	2	10000	塔吊，1	13	2500
6～7（含 7）	200	133200	3	6	2	3	4	2	2	15000	塔吊，1	15	3000
7～8（含 8）	200	133200	3	7	2	3	4	2	2	15000	塔吊，2	17	3500
8～9（含 9）	300	199800	4	8	3	3	4	2	2	15000	塔吊，2	18	4000
9～10（含 10）	300	199800	4	10	3	4	6	2	2	20000	塔吊，2	19	4500
10～15（含 15）	400	266400	5	10	4	5	6	3	3	20000	塔吊，2	20	5000
15～20（含 20）	400	266400	6	12	4	6	6	3	3	20000	塔吊，2	21	5500

钢管塔、变电站构支架产能按照表 D.2 估算。

表 D.2　钢管塔、变电站构支架产能估算表

年产能万 t	厂区面积亩	厂区面积 m^2	生产设备												焊工人数名	探伤人员名	放样人数名	流动资金万元（参考）
			角钢加工流水线		板材加工流水线		镀锌生产线（条）		折弯设备（2400t，12m）台	拼装平台台	埋弧焊条	相贯切割机台	试装场地个					
			钻孔线条	冲孔线条	钻孔线条	冲孔线条	220kV	500kV					立式	卧式				
1 及以下	100	66600	1	1	1	1	0	1	1	2	1	1	1	1	20	2	15	300
1～2（含 2）	200	133200	1	1	3	1	0	1	1	4	1	1	1	1	30	2	20	600
2～3（含 3）	250	166500	1	1	6	2	1	1	1	6	2	2	1	2	50	2	25	900
3～4（含 4）	300	199800	1	1	6	3	2	2	1	8	2	3	1	2	60	4	30	1200
4 及以上	400	266400	1	1	8	4	2	2	1	10	3	4	1	3	70	4	35	1500

钢管杆（桩）产能按照表 D.3 估算。

表 D.3　钢管杆（桩）产能估算表

年产能万 t	厂区面积亩	厂区面积 m^2	生产设备						焊工人数名	探伤人员名	放样人数名	流动资金万元（参考）
			角钢加工线		板材加工线		折弯设备（2400t，12m）台	埋弧焊条				
			钻孔线条	冲孔线条	钻孔线条	冲孔线条						
0.5 及以下	100	66600	1	1	1	1	1	1	15	2	3	150
0.5～1（含 1）	100	66600	1	1	2	1	1	1	20	2	4	300
1～1.5（含 1.5）	150	99900	1	1	2	1	1	2	30	2	5	450
1.5～2（含 2）	200	133200	1	1	3	1	1	3	40	2	6	600
2 及以上	200	133200	1	1	3	1	1	3	40	2	7	750

35kV 及以上导、地线供应商资质能力信息核实规范

目　次

35kV 及以上导、地线供应商资质能力信息核实规范

1 范围

本文件规定了国家电网有限公司对导、地线类产品供应商的资质条件及制造能力信息进行核实的依据。

本文件适用于国家电网有限公司 35kV 及以上工程用导、地线类产品供应商的信息核实工作。包括：

a） 钢芯铝绞线；

b） 钢芯高导电率铝绞线；

c） 钢芯铝型线绞线；

d） 扩径导线；

e） 铝包钢芯铝绞线；

f） 铝合金芯铝绞线；

g） 铝合金绞线；

h） 钢芯铝合金绞线；

i） 钢芯耐热铝合金绞线；

j） 碳纤维复合芯导线；

k） 铝包钢绞线；

l） 镀锌钢绞线。

2 规范性引用文件

下列文件中的内容通过文中的规范性引用而构成本文件必不可少的条款。其中，注日期的引用文件，仅该日期对应的版本适用于本文件；不注日期的引用文件，其最新版本（包括所有的修改单）适用于本文件。

GB/T 1179 圆线同心绞架空导线

GB/T 20141 型线同心绞架空导线

GB/T 29324 架空导线用纤维增强树脂基复合材料芯棒

GB/T 32502 复合材料芯架空导线

NB/T 42060 钢芯耐热铝合金架空导线

NB/T 42061 钢芯软铝绞线

NB/T 42062 扩径型钢芯铝绞线

YB/T 5004 镀锌钢绞线

Q/GDW 10632　钢芯高导电率铝绞线
Q/GDW 10815　铝合金芯高导电率铝绞线
Q/GDW 10816　中强度铝合金绞线
Q/GDW 10851　碳纤维复合材料芯架空导线
Q/GDW 13236　导、地线采购标准

3　资质信息

3.1　企业信息

3.1.1　※基本信息

查阅营业执照。

供应商为中华人民共和国境内依法注册的法人或其他组织。

3.1.2　法定代表人/负责人信息

查阅法定代表人/负责人身份证（或护照）。

3.1.3　财务信息

查阅审计报告、财务报表，其中审计报告为具有资质的第三方机构出具。

3.1.4　资信等级证明

查阅银行或专业评估机构出具的证明。

3.1.5　注册资本和股本结构

查阅验资报告。

3.2　报告证书

3.2.1　※检测报告

查阅检测报告、送样样品生产过程记录以及其他支撑资料。

a）检测报告出具机构为国家授权的专业检测机构或者国际专业权威机构。境内检验机构具有计量认证证书（CMA）及中国合格评定国家认可委员会颁发的实验室认可证书（CNAS），且证书附表检测范围涵盖所核实产品。境外机构出具的检测报告同时提供中文版本或经公证后的中文译本。

b）检测报告的委托方和产品制造方为供应商自身。

c）检测报告试验产品类型与被核实的产品类型相一致。

d）产品的检测报告符合相应的国家标准、行业标准、国家电网有限公司采购标准的规定，检测报告项目应符合附录 A。

e）检测报告中载明的报告有效期，国家标准、行业标准、国家电网有限公司采购标准规定的检测报告有效期有差异的，以有效期短的为准；国家标准、行业标准、国家电网有限公司采购标准、试验机构均未明确检测报告有效期的，检测报告有效期按长期有效认定。

f）当产品在设计、材料或制造工艺改变或者产品转厂生产或异地生产时，须重新进行相应的型式试验。

3.2.2 ※管理体系认证

查阅管理体系认证证书，具有质量管理体系证书，证书在有效期内，有定期年检记录且认证范围涵盖被核实产品。

3.2.3 ※生产许可证

查阅生产许可证。

a） 钢芯铝绞线、铝包钢芯铝绞线、铝包钢绞线、镀锌钢绞线、铝合金绞线、铝合金芯铝绞线、钢芯铝合金绞线等产品具有生产许可证。

b） 出具单位为各省级及以上质量技术监督局或市场监督管理局。

3.2.4 产品鉴定证书

查阅产品鉴定证书。

3.3 产品业绩

查阅供货合同及相对应的销售发票。

a） 合同的供货方和实际产品的生产方均为供应商自身。

b） 出口业绩提供报关单、产品发票、产品型号、所用工程名称、电压等级、合同中文版本或经公证后的中文译本等相应证明文件。出口业绩电压等级往下认可最接近的电压等级。

c） 不予统计的业绩有（不限于此）：

1） 与同类产品制造厂之间的业绩；

2） 在试验室或试验站的业绩；

3） 与代理商之间的业绩（出口业绩除外）；

4） 与非最终用户（即业主单位或负责所供货物运行、生产的单位以外的主体）签订的供货合同；

5） 出口业绩的外贸合同、发票、报关单及对应产品型号等信息资料难以核实或不全的。

4 设计研发能力

4.1 技术来源与支持

查阅与合作支持方的协议及设计文件图纸等相关信息。

4.2 设计研发内容

查阅新产品新材料的设计、试验、关键工艺技术、质量控制方面的研发情况。

4.3 设计研发人员

查阅设计研发部门的机构设置及人员信息。

4.4 获得专利情况

查阅专利证书。

4.5 参与标准制（修）订情况

查阅参与制（修）订并已颁布的标准等证明材料信息。

4.6 产品获奖情况

查阅获奖证书等相关信息。

4.7 商业信誉

查阅企业相关国家、行业或第三方发布的综合实力、品牌等排名。

5 生产制造能力

5.1 ※生产厂房

查阅不动产权证书、土地使用权证、房屋产权证、房屋租赁合同、厂房平面图、用电客户编号等相关信息。

厂房不能临时租用或借用。

5.2 ※生产工艺

5.2.1 工艺控制文件

查阅与被核实产品相关的工艺文件及相关记录等。导线类（除碳纤维复合芯导线外）提供 400mm^2 及以上相关产品的工艺文件及相关记录。

各工序的作业指导书、工艺控制文件齐全、统一、规范。其工艺控制文件中所规定的关键技术要求和技术参数不低于国家标准、行业标准、国家电网有限公司采购标准的规定。各工艺环节中无国家明令禁止的行为。

不同类型导、地线产品具有与之相应的生产工序，具体应符合表 1。

表 1　不同类型导、地线产品的生产工序

序号	产品类型	主要工序（应包含但不限于）
1	钢芯铝绞线、铝包钢芯铝绞线、钢芯铝型线绞线、扩径导线	连铸连轧工序（适用于特高压产品）、拉丝工序、绞线工序、抽样试验、例行试验、包装储运
2	铝合金绞线、铝合金芯铝绞线、钢芯铝合金绞线、钢芯耐热铝合金绞线、钢芯高导电率铝绞线	连铸连轧工序、时效工序、拉丝工序、绞线工序、抽样试验、例行试验、包装储运
3	铝包钢绞线	包覆工序、拉丝工序、绞线工序、抽样试验、例行试验、包装储运
4	镀锌钢绞线	拉丝工序、热镀锌工序、绞线工序、抽样试验、例行试验、包装储运
5	碳纤维复合芯导线	连铸连轧工序（铝杆外购可无此工序）、拉丝—退火工序或挤压工序、绞线工序、抽检试验、出厂试验、包装储运

5.2.2 关键生产工艺控制

查阅工艺流程控制记录等相关资料。

产品工艺技术成熟、稳定。从原材料/组部件到产品入库所规定的每道工序的工艺技术能保证产品生产的需要。生产产品的各个工序按工艺文件执行，现场记录内容规范、详实，具有可追溯性。现场定置管理，有明显的标识牌，主要生产设备的操作规程图表上墙。如现场无所核实产品生产，但具有相近类型产品生产，可通过查阅该种产品以往生产、检验等过程记录文件以确认供应商生产工艺控制执行情况。

5.3 ※生产设备

查阅设备的现场实际情况及购买发票等相关信息。

a） 具有与产品生产相适应的设备，不能租用或借用。主要生产设备应符合表2。

表2 主要生产设备表

序号	产品类型	主要生产设备
1	钢芯铝绞线、铝包钢芯铝绞线、钢芯铝型线绞线、扩径导线	连铸连轧生产线（适用于特高压产品）、高速拉丝机，630型及以上框式绞线机（特高压钢芯铝绞线具备4段框式绞线机）
2	铝合金绞线、铝合金芯铝绞线、钢芯铝合金绞线、钢芯耐热铝合金绞线、钢芯高导电率铝绞线	连铸连轧生产线、高速拉丝机、时效炉、500型及以上框式绞线机
3	铝包钢绞线	包覆机、双金属拉线机或铝包钢拉线机、钢线绞线机
4	镀锌钢绞线	钢线拉线机、镀锌设备、钢线绞线机
5	碳纤维复合芯导线	型线拉丝机及退火装置或具备连续挤压机、框式绞线机

b） 设备使用正常，设备上的计量仪器仪表具有检定或校准报告，并在检定或校准合格期内。建立设备管理档案（包括使用说明、保养维护记录等），其维修保养等记录规范详实，具有可追溯性。计量仪器、设备具有相应资格单位出具的有效检定或校准证书。

5.4 ※生产、技术、质量管理人员

查阅人力资源部门管理文件（如劳动合同、人员花名册等），包括生产、技术、质量管理等人员数量，结合现场实际情况，观察现场人员的操作水平。

a） 具有生产需要专职工作人员，且不得借用其他公司的。一线生产人员培训上岗，操作熟练。

b） 具有质量管理组织机构、质量管理部门及人员。

6 试验检测能力

6.1 ※试验场所

查看试验场所现场情况。

具有与试验产品相配套的试验场所，试验场所环境满足相应试验项目要求。

6.2 ※试验检测管理

查阅相关的规章制度文件、过程记录及出厂试验报告等相关信息。

具有试验室管理制度、操作规程、试验标准，并在操作过程中严格按照规程执行。

6.3 ※试验检测设备

查阅设备的现场实际情况及合同和购买发票等相关信息。

设备齐全，满足进行国家标准、行业标准、国家电网有限公司采购标准所规定的抽样试验检测要求，不能委托其他单位进行。主要试验检测设备应符合表3。

表3　主要试验检测设备

试验设备 / 产品类型	拉力试验机（铝或铝合金线）	拉力试验机（钢线或碳纤维芯棒）	扭转试验机	卷绕试验机（不要求计量检定）	直流电阻测试仪	引伸仪	读数显微镜/投影仪	玻璃化转变温度测试仪	成分分析仪	分析天平
钢芯铝绞线	√	√	√	√	√	√			√（适用于特高压）	√
钢芯铝型线绞线	√	√	√	√	√	√			√（适用于特高压）	√
钢芯高导电率铝绞线	√	√	√	√	√	√			√（适用于特高压）	√
扩径导线	√	√	√	√	√	√			√（适用于特高压）	√
铝包钢芯铝绞线	√	√	√	√	√	√	√			
铝合金绞线	√		√	√	√	√				
铝合金芯铝绞线	√		√	√	√	√			√	
钢芯铝合金绞线	√	√	√	√	√	√			√	√
钢芯耐热铝合金绞线	√	√	√	√	√	√			√	√
铝包钢绞线		√	√	√		√	√			

表 3（续）

试验设备 / 产品类型	拉力试验机（铝或铝合金线）	拉力试验机（钢线或碳纤维芯棒）	扭转试验机	卷绕试验机（不要求计量检定）	直流电阻测试仪	引伸仪	读数显微镜/投影仪	玻璃化转变温度测试仪	成分分析仪	分析天平
镀锌钢绞线		√	√	√		√				√
碳纤维复合芯导线	√	√	√（专用）	√（专用）	√	√		√		

设备使用正常，具有相应资格单位出具的有效检定或校准证书。建立设备管理档案（包括使用说明、保养维护记录等），其维修保养等记录规范、详实，具有可追溯性。

6.4 ※试验检测人员

查阅人力资源部门管理文件（如劳动合同、人员花名册等）、人员资质证书及培训记录。

试验人员经过考核培训，并取得试验员证书，持证上岗。试验人员能独立完成试验，操作熟练，掌握相关国家标准、行业标准和国家电网有限公司采购标准的有关规定，并具有一定的试验结果分析能力。

6.5 ※现场抽样

6.5.1 抽查出厂试验报告

随机抽查 2 份核实产品出厂试验报告，试验报告记录完整、正确并存档管理。

6.5.2 抽样检测

原则上现场应对与被核实产品相同或相近型式的产品进行抽样检验。样品应在供应商声明的合格产品中抽取，抽样检验项目一般在出厂试验项目中选取。抽样检验重点核实供应商试验方法、试验场地环境、人员操作能力、仪器设备有效性和产品性能等方面。

从合格品库中抽取试验样品，试验结果满足相关标准并一次性通过。导线类（除碳纤维复合芯导线外）抽取 400mm^2 及以上相关产品的样品。

抽样检验项目应符合附录 B。

7 原材料/组部件管理

7.1 ※管理规章制度

查阅原材料/组部件管理规章制度。

a） 具有进厂检验制度及其他原材料/组部件管理制度。

b） 对于直接影响产品质量的重要组部件（如铝锭、铝杆、铝合金杆、耐热铝合金杆、钢芯、铝包钢芯、碳纤维棒等）具有相应的质量控制措施（如入厂检验、原材料验收制度等）。原材料管理具有可追溯性。进厂检测报告除有结论外，还具有相关支撑性数据。

7.2 ※管理控制情况

查看原材料/组部件管理实际执行情况。

a） 设计采用的原材料/组部件无国家明令禁止的。

b） 按工艺文件所规定的技术要求和相应管理文件，根据生产计划采购。

c） 按规定进行验收，合格后入库。

d） 分类独立存放，物资仓库有足够的存储空间和适宜的环境，实行定置管理，标识清晰、正确、规范。

e） 原材料/组部件使用记录内容规范、详实，具有可追溯性。

8 数智制造

应用互联网和物联网技术，打造“透明工厂”，生产制造、试验检验、原材料/组部件管理等信息对买方公开，接入国家电网电工装备智慧物联平台。

加强数字基础设施建设，推动数字技术与先进制造技术融合发展。供应商相关业务数据、原材料/组部件检验数据、生产过程检验数据、出厂试验数据、成品信息数据和视频数据等支持自动采集或系统推送。数据接口需保障数据完整性、正确性、安全性，具有可扩展性、通信实时性等。

具有原材料/组部件数据及检验数据接入条件，从原材料采购直至原材料检验入库过程中关键工艺主要包括铝、铝合金杆、镀锌钢线、铝包钢线 4 项。

具有工艺控制数据及检测数据接入条件，生产工艺流程中从生产开始直至绞线完毕过程中关键工艺主要包括铝、铝合金线生产、时效生产、绞线生产 4 项。

具有出厂试验数据接入条件，从试验直至包装入箱过程中关键试验流程包括成品结构参数试验、铝、铝合金单线试验、镀锌钢线试验、铝包钢线试验 5 项。

具有视频接入条件，设备视频数据采集应包括铝、铝合金线生产、时效生产、绞线生产 4 个区域。

9 绿色发展

查看供应商资源能源消耗情况、战略体系、绿色认证及其他支撑材料，包括：

a） 相关油、水、气、煤及电力、热力等能源消耗，建立能源利用统计报表制度，分析生产经营环节能源利用情况。

b） 相关绿色工厂认证、绿色产品标识、绿色供应链管理等相关资质文件。

c） 将绿色发展理念融入战略体系中，并形成明确的绿色发展目标，制定详实且具有操作性的实施路径。

d） 建立、实施并保持支撑企业绿色低碳发展的绿色管理体系情况，包括但不限于能源管理体系、碳排放管理体系、能源计量管理体系等。

e） 使用无害原材料，禁止使用国家明令禁止的淘汰设备、工艺技术等，并应用国家鼓励的节能设备与先进工艺技术情况。

f）建立完善的绿色采购管理制度，推广绿色包装材料应用，并建立系统的循环利用体系，实施绿色制造情况。

g）生产环节的大气污染物排放、水体污染物排放、固体废弃物排放、噪声排放等基础排放符合相关国家标准及地方标准要求情况。

10 售后服务及产能

查阅管理文件、组织机构设置、人员档案及售后服务记录等相关信息。

通过现场实际情况结合附录 C，根据产品生产的瓶颈进行计算。

本文件中所有核实内容都将对供应商参与招投标活动有重要影响，其中标记“※”的内容是以往招标必备项的要求，也是重点核实内容，其他未标记“※”的为一般核实内容。

附 录 A
型式试验报告项目

A.1 导线型式试验项目

导线（钢芯铝绞线、钢芯铝型线绞线、钢芯高导电率铝绞线、扩径导线、铝包钢芯铝绞线、铝合金绞线、铝合金芯铝绞线、钢芯铝合金绞线、钢芯耐热铝合金绞线、碳纤维复合芯导线）型式试验项目包括：

a） 单线性能；
b） 绞线额定拉断力；
c） 弹性模量（碳纤维复合芯导线不作要求）；
d） 直流电阻；
e） 节径比；
f） 单位长度质量；
g） 应力—应变曲线；
h） 线膨胀系数；
i） 载流量；
j） 蠕变曲线；
k） 疲劳性能；
l） 平整度（330kV 及以上电压等级常规导线及节能导线、碳纤维复合芯导线适用）；
m） 紧密度（330kV 及以上电压等级常规导线及节能导线、碳纤维复合芯导线适用）；
n） 复合芯棒性能（碳纤维复合芯导线适用）；
o） 高温拉断力（碳纤维复合芯导线适用）；
p） 高温蠕变曲线（钢芯耐热铝合金绞线碳纤维复合芯导线适用）；
q） 弧垂特性（碳纤维复合芯导线适用）；
r） 过滑轮（扩径导线，碳纤维复合芯导线适用）；
s） 固化度（碳纤维复合芯导线适用）（如有）；
t） 玻纤层厚度（碳纤维复合芯导线适用）（如有）；
u） 单线耐热性（钢芯耐热铝合金绞线适用）；
v） 长期耐热性（钢芯耐热铝合金绞线适用）。

※针对碳纤维复合芯导线还应提供所使用纤维增强树脂基复合材料芯棒的检测报告，试验项目见 GB/T 29324。

A.2 地线型式试验项目

地线（镀锌钢绞线、铝包钢绞线）型式试验项目包括：

a） 单线性能；

b） 绞线额定抗拉力；

c） 弹性模量；

d） 节径比；

e） 单位长度质量；

f） 应力—应变曲线；

g） 线膨胀系数；

h） 绞线直流电阻（适用于铝包钢绞线）。

附　录　B
抽样试验报告项目

各种类型导线、地线的抽样试验项目应符合表B.1。

表B.1　抽样试验报告项目

序号	产品类型	抽样试验项目
1	钢芯铝绞线、铝包钢芯铝绞线、铝合金绞线、铝合金芯铝绞线、钢芯铝型线绞线、钢芯高导电率铝绞线、扩径导线、钢芯铝合金绞线、钢芯耐热铝合金绞线	1）铝（铝合金、耐热铝合金）线根数； 2）镀锌钢（铝包钢）线根数； 3）铝（铝合金、耐热铝合金）线直径； 4）镀锌钢（铝包钢）线直径； 5）单位长度质量； 6）绞线外径； 7）铝（铝合金、耐热铝合金）线绞后的20℃时直流电阻率、抗拉强度、伸长率（仅对铝合金单线、耐热铝合金）、卷绕、接头抗拉强度（冷压焊）； 8）钢（铝包钢）线绞后的抗拉强度、1%伸长应力、伸长率（标距250mm）、扭转（$L=100d$）、镀锌层质量、铝层厚度、卷绕、20℃时直流电阻率（仅对铝包钢线）； 9）节径比； 10）绞向； 11）外观及表面质量
2	铝包钢绞线	1）单线根数； 2）单线直径； 3）单位长度质量； 4）绞线外径； 5）铝包钢线绞后的抗拉强度、1%伸长应力、伸长率（标距250mm）、扭转（$L=100d$）、最小（平均）铝层厚度、20℃时直流电阻率； 6）节径比； 7）绞向； 8）外观及表面质量
3	镀锌钢绞线	1）单线根数； 2）单线直径； 3）单位长度质量； 4）绞线外径； 5）镀锌钢线绞后的抗拉强度、1%伸长应力、伸长率（标距250mm）、扭转（$L=100d$）、镀锌层质量、卷绕； 6）节径比； 7）绞向； 8）外观及表面质量

表 B.1（续）

序号	产品类型	抽样试验项目
4	碳纤维复合芯导线	1）铝线根数； 2）铝线直径； 3）单位长度质量； 4）绞线外径； 5）铝线绞后的 20℃时直流电阻率、抗拉强度、卷绕、接头抗拉强度（冷压焊）； 6）碳纤维复合芯棒外观、直径偏差及 f 值、抗拉强度、密度、径向耐压性能、卷绕、扭转、玻璃化转变温度； 7）节径比； 8）绞向； 9）外观及表面质量

附 录 C
产 能 计 算

钢芯铝绞线、铝包钢芯铝绞线产能应符合表C.1。

表C.1 钢芯铝绞线、铝包钢芯铝绞线产能

年产能 万t	生产设备 台		
	连铸连轧	高速拉丝机	框绞机
0.78	1或外购	1	1
1.56	1或外购	2	3
2.4	1或外购	3	4
3.6	1或外购	4	6
4.8	1或外购	5	7
6	1或外购	7	9

钢芯铝型线绞线、扩径导线产能应符合表C.2。

表C.2 钢芯铝型线绞线、扩径导线产能

年产能 万t	生产设备 台		
	连铸连轧	高速拉丝机/型线拉丝机	框绞机
1.2	1或外购	2	1
2.4	1或外购	3	2
3.6	1或外购	4	3
4.2	1或外购	5	4

铝合金芯铝绞线产能应符合表C.3。

表C.3 铝合金芯铝绞线产能

年产能 万t	生产设备 台			
	连铸连轧	高速拉丝机/ 型线拉丝机	时效炉	框绞机
1.37	1	2	1	1
2.74	1	4	2	2
4.11	2	6	3	3

铝合金绞线产能应符合表 C.4。

表 C.4 铝合金绞线产能

年产能 万 t	生产设备 台			
	连铸连轧	高速拉丝机	时效炉	框绞机
0.96	1	2	1	1
1.92	1	4	2	2
2.88	2	6	3	3

钢芯铝合金绞线产能应符合表 C.5。

表 C.5 钢芯铝合金绞线产能

年产能 万 t	生产设备 台			
	连铸连轧	高速拉丝机	时效炉	框绞机
1.5	1	2	1	1
3.0	1	4	1	2
4.5	1	6	2	3

钢芯耐热铝合金绞线产能应符合表 C.6。

表 C.6 钢芯耐热铝合金绞线产能

年产能 万 t	生产设备 台			
	连铸连轧	高速拉丝机	时效炉	框绞机
1.3	1	2	1	1
2.6	1	4	1	2
3.9	1	6	2	3
5.2	1	8	3	4

铝包钢绞线产能应符合表 C.7。

表 C.7 铝包钢绞线产能

年产能 万 t	生产设备 台		
	挤压包覆机	双金属拉丝机	管绞或笼绞机
0.42	1	2	1
0.84	2	4	2

表 C.7（续）

年产能 万 t	生产设备 台		
	挤压包覆机	双金属拉丝机	管绞或笼绞机
1.26	3	6	3
1.68	4	8	4
2.16	5	10	5

镀锌钢绞线产能应符合表 C.8。

表 C.8　镀 锌 钢 绞 线 产 能

年产能 万 t	生产设备 台			
	拉丝机		镀锌机组	管绞机
	水拉	干拉		
1.2	3	1	1	2
2.4	6	2	2	4
3.6	9	3	3	6
4.8	12	4	4	8
6	15	5	5	10

碳纤维复合芯导线产能应符合表 C.9。

表 C.9　碳纤维复合芯导线产能

年产能 km	生产设备 台	
	型线拉丝机及退火装置或具备连续挤压机	框绞机
1800	1	1
3600	2	2
5400	3	3

电力特种光缆供应商资质能力信息核实规范

目　次

电力特种光缆供应商资质能力信息核实规范

1　范围

本文件规定了国家电网有限公司对电力特种光缆产品供应商的资质条件及制造能力信息进行核实的依据。

本文件适用于国家电网有限公司电力特种光缆产品供应商的信息核实工作。包括：

a）　OPGW（光纤复合架空地线）；

b）　ADSS（全介质自承式光缆）；

c）　OPPC（光纤复合架空相线）。

2　规范性引用文件

下列文件中的内容通过文中的规范性引用而构成本文件必不可少的条款。其中，注日期的引用文件，仅该日期对应的版本适用于本文件；不注日期的引用文件，其最新版本（包括所有的修改单）适用于本文件。

GB/T 1179　圆线同心绞架空导线

GB/T 7424.1　光缆总规范　第 1 部分：总则

GB/T 7424.2　光缆总规范　第 2 部分：光缆基本试验方法

GB/T 7424.4　光缆　第 4 部分：分规范　光纤复合架空地线

GB/T 9771　系列　通信用单模光纤系列

GB/T 15972　系列　光纤试验方法规范系列

DL/T 788　全介质自承式光缆

DL/T 832　光纤复合架空地线

DL/T 1613　光纤复合架空相线及相关附件

IEEE Std.1222　Testing and Performance for All-Dielectric Self-Supporting (ADSS) Fiber Optic Cable for Use on Electric Utility Power Lines

IEEE Std.1138　Testing and Performance for Optical Ground Wire (OPGW) for Use on Electric Utility Power Lines

IEC 60793－2　光纤　第 2 部分：产品规范

IEC 60794－4－10　光纤复合架空地线

IEC 60865－1　短路电流影响的计算　第 1 部分：定义和计算方法

IEC 61089　圆线同心绞架空导线

IEC 61232　电工用铝包钢线

IEC 61312－1　抗雷电波冲击的保护　第 1 部分：总则

IEC 61395　架空导线绞合导线蠕变试验

ITU－T G.652　单模光纤和光缆的特性

ITU－T G.655　非零色散位移单模光纤光缆的特性

3　资质信息

3.1　企业信息

3.1.1　※基本信息

查阅营业执照。

供应商为中华人民共和国境内依法注册的法人或其他组织。

3.1.2　法定代表人/负责人信息

查阅法定代表人/负责人身份证（或护照）。

3.1.3　财务信息

查阅审计报告、财务报表，其中审计报告为具有资质的第三方机构出具。

3.1.4　资信等级证明

查阅银行或专业评估机构出具的证明。

3.1.5　注册资本和股本结构

查阅验资报告。

3.2　※报告证书

3.2.1　检测报告

查阅检测报告、送样样品生产过程记录以及其他支撑资料。

a）检测报告出具机构应为国家认证认可的专业检测机构或国际权威专业检测机构。境内检验机构应具有计量认证证书（CMA）及中国合格评定国家认可委员会颁发的实验室认可证书（CNAS），且证书附表检测范围涵盖所核实产品。

b）检测报告的委托方和产品制造方为供应商自身。

c）检测报告试验产品类型与被核实的产品类型相一致。

d）OPGW 产品的检测报告满足 DL/T 832 和 Q/GDW 13261.1 的规定，ADSS 产品的检测报告满足 DL/T 788 和 Q/GDW 13280.1 的规定，OPPC 产品的的检测报告满足 DL/T 1613 的规定，检测报告项目应符合附录 A。

e）检测报告中载明的报告有效期，国家标准、行业标准、国家电网有限公司采购标准规定的检测报告有效期有差异的，以有效期短的为准；国家标准、行业标准、国家电网有限公司采购标准、试验机构均未明确检测报告有效期的，检测报告有效期按长期有效认定。

f）当产品在设计、材料或制造工艺改变或者产品转厂生产或异地生产时，须重新进行相应的型式试验。

3.2.2　管理体系认证

查阅管理体系认证证书，具有质量管理体系证书，证书在有效期内，有定期年检记录且认证范围涵盖被核实产品。

3.2.3 入网许可证

对于 OPGW、ADSS 产品，具有国家电网有限公司指定机构（国网信息通信有限公司）颁发的“电力专用通信设备产品入网许可证”，且在有效期内。

3.3 产品业绩

查阅供货合同及相对应的销售发票。

a） 合同的供货方和实际产品的生产方均为供应商自身。

b） 出口业绩提供报关单、产品发票、产品型号、所用工程名称、电压等级、合同中文版本或经公证后的中文译本等相应证明文件。出口业绩电压等级往下认可最接近的电压等级。

c） 不予统计的业绩有（不限于此）：

1） 与同类产品制造厂之间的业绩；

2） 在试验室或试验站的业绩；

3） 与代理商之间的业绩（出口业绩除外）；

4） 与非最终用户（即业主单位或负责所供货物运行、生产的单位以外的主体）签订的供货合同；

5） 出口业绩的外贸合同、发票、报关单及对应产品型号等信息资料难以核实或不全的。

4 设计研发能力

4.1 技术来源与支持

查阅与合作支持方的协议及设计文件图纸等相关信息。

4.2 设计研发内容

查阅新产品新材料的设计、试验、关键工艺技术、质量控制方面的研发情况。

4.3 设计研发人员

查阅设计研发部门的机构设置及人员信息。

4.4 获得专利情况

查阅核实产品相关专利证书。

4.5 参与标准制（修）订情况

查阅参与制（修）订并已颁布的标准等证明材料信息。

4.6 产品获奖情况

查阅核实产品相关获奖证书等相关信息。

4.7 商业信誉

查阅企业相关国家、行业或第三方发布的综合实力、品牌等排名。

5 生产制造能力

5.1 ※生产厂房

查阅不动产权证书、土地使用权证、房屋产权证、厂房租赁合同、厂房平面图、用电客户编号等相关信息。

厂房不能临时租用或借用。厂房为租用的，应提供长期租用合同或相应证明文件。

5.2 ※生产工艺

5.2.1 工艺控制文件

查阅与被核实产品相关的工艺文件、工艺文件所要求的相关记录等文件。

各工序的作业指导书、工艺控制文件齐全、统一、规范。其工艺文件中所规定的关键技术要求和技术参数不低于国家标准、行业标准、国家电网有限公司物资采购标准的规定。各工艺环节中无国家明令禁止的行为。

OPGW/OPPC 产品主要工序：光纤着色、光单元生产、绞合、出厂检验、包装储运等。

ADSS 产品主要工序：光纤着色、光纤套塑、成缆、内护层挤出（若有）、加强件绕包及外护套挤出、出厂检验、包装储运等。

5.2.2 关键生产工艺控制

查阅工艺流程控制记录等相关资料。

产品工艺技术成熟、稳定。从原材料、组部件到产品入库所规定的每道工序的工艺技术能保证产品生产的需要。生产产品的各个工序应按工艺文件执行，现场记录内容规范、详实，并具有可追溯性。现场定置管理，有明显的标识牌，主要生产设备的操作规程图表上墙。如现场无所核实产品生产，但具有相近类型产品生产，可通过查阅该种产品以往生产、检验等过程记录文件以确认供应商生产工艺控制执行情况。

5.3 ※生产设备

查阅设备的现场实际情况及购买发票等相关信息。

a） 具有与产品生产相适应的设备，不能租用或借用。主要生产设备应符合表 1。

表1 主要生产设备表

序号	产品类型	主要生产设备
1	OPGW/OPPC	光纤着色复绕机、光单元生产线、绞线机（管绞机或笼绞机）
2	ADSS	光纤着色复绕机、二次被覆生产线、成缆机、芳纶绕包设备、光缆护套生产线

b） 设备使用正常，设备上的计量仪器仪表具有检定报告，并在检定合格期内。建立设备管理档案（包括使用说明、保养维护记录等），其维修保养等记录规范、详实，具有可追溯性。计量仪器、设备具有相应资格单位出具的有效检定证书。

5.4 ※生产、技术、质量管理人员

查阅人力资源部门管理文件（如劳动合同、人员花名册等），包括生产、技术、质量管理等人员数量，结合现场实际情况，观察现场人员的操作水平。

a） 具有生产需要的专职工作人员，且不得借用其他公司的。一线生产人员培训上岗，操作熟练。

b） 具有质量管理组织机构、质量管理部门及人员。

6 试验检测能力

6.1 ※试验场所

查看试验场所现场情况。

具有与试验产品相配套的试验场所，试验场所环境满足相应试验项目要求。

6.2 ※试验检测管理

查阅相关的规章制度文件、过程记录以及出厂试验报告等相关信息。

具有试验室管理制度、操作规程、试验标准，并在操作过程中严格按照规程执行。

6.3 ※试验检测设备

查阅设备的现场实际情况及购买发票等相关信息。

a） 设备齐全，满足进行国家标准、行业标准、国家电网有限公司物资采购标准所规定的抽样试验检测要求，不能委托其他单位进行。主要试验设备见表2。

表2 主要试验设备表

序号	产品类型	主要试验设备
1	OPGW/OPPC	OTDR、卧式拉力机、万能材料试验机、光纤几何参数测试仪、光纤多参数测试仪、渗水试验装置、光纤应变测试系统、直流电阻测试仪（仅对OPPC）
2	ADSS	OTDR、卧式拉力机、万能材料试验机、光纤几何参数测试仪、光纤多参数测试仪、渗水试验装置、光纤应变测试系统

b） 设备使用正常。具有相应资格单位出具的有效检定证书；如设备为自校，提供可溯源的相关证书文件（如标准光纤的有效计量报告、自校准规程）、自校准记录（报告）、校准操作人员相应的资质证书。建立设备管理档案（包括使用说明、保养维护记录等），其维修保养等记录规范、详实，具有可追溯性。

6.4 ※试验检测人员

查阅人力资源部门管理文件（如劳动合同、人员花名册等）、人员资质证书及培训记录。

试验人员至少两人，经过考核培训，并取得试验员证书，持证上岗。试验人员能独立完成试验，操作熟练，掌握相关国家标准、行业标准和国家电网有限公司物资采购标准的有关规定，并具有一定的试验结果分析能力。

6.5 ※现场抽样

6.5.1 抽查出厂试验报告

随机抽查2份核实产品出厂试验报告，试验报告记录应完整、正确，存档管理。

6.5.2 现场抽样试验

原则上现场应对与被核实产品相同或相近型式的产品进行抽样检验。样品应在供应商声明的合格产品中抽取，抽样检验项目一般在出厂试验项目中选取。抽样检验重点核实供应商试验方法、试验场地环境、人员操作能力、仪器设备有效性和产品性能等方面。

试验结果满足相关标准并一次性通过。现场抽样试验项目应符合表 3。

表3 现场抽样试验项目

序号	产品类型	现场抽样试验项目
1	OPGW	识别色谱（光纤识别色谱、保护管识别色谱）、截止波长、抗拉性能、阻水性能
2	OPPC	识别色谱（光纤识别色谱、保护管识别色谱）、截止波长、抗拉性能、阻水性能、直流电阻
3	ADSS	识别色谱（光纤识别色谱、保护管识别色谱）、截止波长、抗拉性能、阻水性能、外护套拉伸强度（热老化前）

7 原材料/组部件管理

7.1 ※管理规章制度

查阅原材料/组部件管理规章制度。

a） 具有进厂检验制度及其他原材料/组部件管理制度。

b） 对于直接影响产品质量的重要组部件（如光纤、不锈钢带、铝包钢线、芳纶纱、外护套材料、光纤填充膏等）具有相应的质量控制措施（如入厂检验、原材料验收制度等）。原材料管理具有可追溯性。进厂检验报告除有结论外，还具有相关支撑性数据。

7.2 ※管理控制情况

查看原材料/组部件管理实际执行情况。

a） 设计采用的原材料/组部件无国家明令禁止的。

b） 按工艺文件所规定的技术要求和相应管理文件，根据生产计划采购。

c） 按规定进行验收，合格后入库。

d） 分类独立存放，物资仓库有足够的存储空间和适宜的环境，实行定置管理，标识清晰、正确、规范。

e） 原材料/组部件使用记录内容规范、详实，具有可追溯性。

8 数智制造

应用互联网和物联网技术，打造“透明工厂”，生产制造、试验检验、原材料/组部件管理等信息对买方公开，接入国家电网电工装备智慧物联平台。

加强数字基础设施建设，推动数字技术与先进制造技术融合发展。供应商相关业务数据、原材料/组部件检验数据、生产过程检验数据、出厂试验数据、成品信息数据和视频数据等支持自动采集或系统推送。数据接口需保障数据完整性、正确性、安全性，具有可扩展性、通信实时性等。

具有原材料/组部件数据及检验数据接入条件，从原材料采购直至原材料检验入库过程中关键工艺主要包括：

a） OPGW/OPPC：光纤、铝包钢线、铝合金线、硬铝线、纤膏 5 项；

b） ADSS：光纤、纤膏、聚乙烯护套料、耐电痕护套料 4 项。

具有工艺控制数据及检测数据接入条件，生产工艺流程中关键工艺主要包括：

a） OPGW/OPPC：着色、光纤单元、绞线 3 项；

b） ADSS：着色、套塑、成缆、护套 4 项。

具有出厂试验数据接入条件。

具有视频接入条件，设备视频数据采集应包括：

a） OPGW/OPPC：着色、光纤单元生产、绞线 3 个区域；

b） ADSS：着色、套塑、成缆、护套 4 个区域。

9 绿色发展

查看供应商资源能源消耗情况、战略体系、绿色认证及其他支撑材料，包括：

a） 相关油、水、气、煤及电力、热力等能源消耗，建立能源利用统计报表制度，分析生产经营环节能源利用情况。

b） 相关绿色工厂认证、绿色产品标识、绿色供应链管理等相关资质文件。

c） 将绿色发展理念融入战略体系中，并形成明确的绿色发展目标，制定详实且具有操作性的实施路径。

d） 建立、实施并保持支撑企业绿色低碳发展的绿色管理体系情况，包括但不限于能源管理体系、碳排放管理体系、能源计量管理体系等。

e） 使用无害原材料，禁止使用国家明令禁止的淘汰设备、工艺技术等，并应用国家鼓励的节能设备与先进工艺技术情况。

f） 建立完善的绿色采购管理制度，推广绿色包装材料应用，并建立系统的循环利用体系，实施绿色制造情况。

g） 生产环节的大气污染物排放、水体污染物排放、固体废弃物排放、噪声排放等基础排放符合相关国家标准及地方标准要求情况。

10 售后服务及产能

查阅管理文件、组织机构设置、人员档案及售后服务记录等相关信息。

通过现场实际情况，根据产品生产的瓶颈进行判断，应符合附录 B。

本文件中所有核实内容都将对供应商参与招投标活动有重要影响，其中标记“※”的内容是以往招标必备项的要求，也是重点核实内容，其他未标记“※”的为一般核实内容。

附 录 A
型 式 试 验 项 目

A.1 OPGW 型式试验项目

依据 DL/T 832 规定，OPGW 型式试验项目包括：

a） 结构完整性及外观；

b） 识别色谱（光纤识别色谱、保护管识别色谱）；

c） OPGW 结构尺寸（单线最外层节径比、外径）；

d） 光纤模场直径和尺寸参数［模场直径、包层直径、包层不圆度、芯/包层同心度误差、涂覆层直径（着色）、包层/涂覆层同心度误差］；

e） 光纤截止波长和传输特性（截止波长、衰减系数、衰减点不连续性、衰减波长特性、色散）；

f） OPGW 机械性能（抗拉性能、拉伸性能、应力–应变性能、过滑轮性能、压扁性能、弯曲性能、扭转性能、风激振动性能、舞动性能、蠕变性能）；

g） OPGW 电气性能（短路电流性能、雷击性能、直流电阻性能）；

h） OPGW 环境性能［衰减温度特性、滴流性能（仅针对光单元）、阻水性能］。

A.2 ADSS 型式试验项目

依据 DL/T 788 规定，ADSS 型式试验项目包括：

a） 光缆结构完整性及外观；

b） 识别色谱（光纤识别色谱、松套管识别色谱）；

c） 光缆结构尺寸（内垫层、内护层和外护套的厚度、缆芯结构）；

d） 光缆标志（标志的完整性和可识别性、标志的牢固性、计米长度误差）；

e） 光纤模场直径和尺寸参数［模场直径、包层直径、包层不圆度、芯/包层同心度误差、涂覆层直径（着色）、包层/涂覆层同心度误差］；

f） 光纤截止波长和传输特性（截止波长、衰减系数、衰减不连续性、衰减波长特性、色散）；

g） 外护套性能［热老化前后的拉伸强度和断裂伸长率（B 级护套仅要求热老化前的拉伸强度和断裂伸长率）、热收缩率（仅 A 级护套要求）、聚乙烯护套耐环境应力开裂］；

h） 光缆的机械性能（抗拉性能、拉伸、压扁、冲击、反复弯曲、扭转、卷绕、外护套磨损、风激振动、舞动试验、过滑轮试验、蠕变试验）；

i） 光缆的环境性能（温度循环试验、光缆热老化试验、阻水试验、滴流试验、阻燃光缆阻燃性试验、低温下 U 形弯曲试验、低温下冲击试验、光缆抗紫外线性能、耐电痕试验）。

A.3　OPPC 型式试验项目

依据 DL/T 1613 规定，OPPC 型式试验项目包括：

a）结构完整性及外观；

b）识别色谱（光纤识别色谱、保护管识别色谱）；

c）结构尺寸（各层绞合节径比、外径）；

d）光纤模场直径和尺寸参数［模场直径、包层直径、包层不圆度、芯/包层同心度误差、涂覆层直径（着色）、包层/涂覆层同心度误差］；

e）光纤截止波长和传输特性（截止波长、衰减系数、衰减点不连续性、衰减波长特性、色散）；

f）单线性能（单线的断裂强度、单线的电阻率）；

g）机械性能（抗拉性能、拉伸性能、应力－应变性能、过滑轮性能、风激振动疲劳性能、舞动疲劳性能、蠕变性能）；

h）电气性能（直流电阻、允许载流量性能）；

i）环境性能（衰减温度特性、滴流性能、阻水性能）。

附 录 B
电力特种光缆产能计算方法

各种类型光缆产能应符合表B.1。

表B.1 电力特种光缆产能计算方法

产品类别	瓶颈设备	瓶颈设备生产速度 m/min	日工作时长 h	日产能 m	年工作天数 日	年产能 km
OPGW OPPC	绞线机	7	24	10080	300	3024
ADSS	成缆机	40	24	57600	300	17280

交流 35kV 及以上架空线路用绝缘子供应商资质能力信息核实规范

目　次

交流 35kV 及以上架空线路用绝缘子供应商资质能力信息核实规范

1 范围

本文件规定了国家电网有限公司对 35kV 及以上交流绝缘子产品供应商的资质条件及制造能力信息进行核实的依据。

本文件适用于国家电网有限公司 35kV 及以上交流绝缘子产品供应商的信息核实工作。包括：

a） 交流架空线路用棒形悬式复合绝缘子；

b） 交流架空线路用盘形悬式瓷绝缘子；

c） 交流架空线路用盘形悬式玻璃绝缘子；

d） 地线用瓷或玻璃绝缘子。

2 规范性引用文件

下列文件中的内容通过文中的规范性引用而构成本文件必不可少的条款。其中，注日期的引用文件，仅该日期对应的版本适用于本文件；不注日期的引用文件，其最新版本（包括所有的修改单）适用于本文件。

GB/T 311.1 绝缘配合 第 1 部分：定义、原则和规则

GB/T 772 高压绝缘子瓷件 技术条件

GB/T 1001.1 标称电压高于 1000V 的架空线路绝缘子 第 1 部分：交流系统用瓷或玻璃绝缘子元件 定义、试验方法和判定准则

GB/T 4056 绝缘子串元件的球窝联接尺寸

GB/T 4585 交流系统用高压绝缘子的人工污秽试验

GB/T 7253 标称电压高于 1000V 的架空线路绝缘子 交流系统用瓷或玻璃绝缘子元件 盘形悬式绝缘子元件的特性

GB/T 19519 架空线路绝缘子标称电压高于 1000V 交流系统用悬垂和耐张复合绝缘子定义、试验方法及接收准则

GB/T 20642 高压线路绝缘子空气中冲击击穿试验

GB/T 20876.2 标称电压高于 1000V 的交流架空线路用复合绝缘子 第 2 部分：尺寸和电气特性

GB/T 21429 户外和户内电气设备用空心复合绝缘子 定义、试验方法、接收准则和设计推荐

GB/T 22708　绝缘子串元件的热机和机械性能试验
GB/T 22709　架空线路玻璃和瓷绝缘子串元件绝缘体机械破损后的残余强度
GB/T 24623　高压绝缘子　无线电干扰试验方法
GB/T 25317　绝缘子串元件的槽型连接尺寸
GB/T 25318　绝缘子串元件球窝联接用锁紧销尺寸和试验
DL/T 376　聚合物绝缘子伞裙和护套用绝缘材料通用技术条件
DL/T 812　标称电压高于 1000V 架空线路绝缘子串工频电弧试验方法
DL/T 864　标称电压高于 1000V 交流架空线路用复合绝缘子使用导则
JB/T 3384　高压线路绝缘子抽样方案
JB/T 4307　绝缘子胶装用水泥胶合剂
JB/T 8177　绝缘子金属附件热镀锌层通用技术条件
JB/T 8178　悬式绝缘子铁帽　技术条件
JB/T 9673　绝缘子　产品包装
JB/T 9677　盘形悬式绝缘子钢脚
JB/T 9678　盘形悬式绝缘子用钢化玻璃绝缘件外观质量
JB/T 9680　高压架空输电线路地线用绝缘子
JB/T 9683　绝缘子产品型号编制方法
Q/GDW 1167　交流系统用盘形悬式复合瓷或玻璃绝缘子元件
国家电网有限公司物资采购标准　绝缘子卷

3　资质信息

3.1　企业信息

3.1.1　※基本信息

查阅营业执照。

供应商为中华人民共和国境内依法注册的法人或其他组织。

3.1.2　法定代表人/负责人信息

查阅法定代表人/负责人身份证（或护照）。

3.1.3　财务信息

查阅审计报告、财务报表，其中审计报告为具有资质的第三方机构出具。

3.1.4　资信等级证明

查阅银行或专业评估机构出具的证明。

3.1.5　注册资本和股本结构

查阅验资报告。

3.2　报告证书

3.2.1　※检测报告

查阅检测报告、送样样品生产过程记录以及其他支撑资料。

a）　检测报告出具机构为国家授权的专业检测机构或者国际专业权威机构。境内检验机构具有计量认证证书（CMA）及中国合格评定国家认可委员会颁发的实验室认可证书（CNAS），且证书附表检测范围涵盖所核实产品。境外机构出具的检测报告同时提供中文版本或经公证后的中文译本。

b） 检测报告的委托方和产品制造方是供应商自身。

c） 检测产品类型与被核实的产品相一致。

d） 检验报告中载明的报告有效期，国家标准、行业标准、国家电网有限公司采购标准规定的检验报告有效期有差异的，以有效期短的为准；国家标准、行业标准、国家电网有限公司采购标准、试验机构均未明确检验报告有效期的，检验报告有效期按长期有效认定。

e） 产品检测报告的类型分为定型试验报告和委托试验报告，检测报告同时符合相应的国家标准、行业标准和国家电网有限公司物资采购标准规定。当定型试验报告不能完全符合标准规定时，不符合部分进行委托试验作为定型试验报告的补充。委托试验的有效期与定型试验报告不一致时，以定型试验报告的有效期为准。当产品定型试验需要重做时，委托试验的试品与定型试验试品需为同一批次产品。检测报告要求的试验项目和试验指标应符合附录 A。

f） 当产品是在同一工厂制造的，且具有相同的设计、结构、材料和制造工艺并符合设计试验（复合）、电气及机械型式试验等效条件时，检测方为有效。

g） 产品在设计、材料或制造工艺改变或者产品转厂生产或异地生产时，须重新进行相应的定型试验。

h） 供应商需具有以下试验报告：盘形悬式瓷和玻璃绝缘子不小于 160kN 的试验报告，棒形悬式复合绝缘子不小于 160kN 的试验报告。

3.2.2 鉴定证书

查阅鉴定证书。

a） 鉴定证书的委托方和产品制造方为供应商自身。

b） 鉴定证书的产品型号与被核实的产品相一致。

3.2.3 ※管理体系认证

查阅管理体系认证证书，具有质量管理体系证书且证书在有效期内，有定期年检记录且认证范围涵盖被核实产品。

3.3 产品业绩

查阅供货合同及相对应的合同销售发票。

a） 合同的供货方和实际产品的生产方均为供应商自身。

b） 出口业绩提供报关单、中文版本或经公证后的中文译本合同，业绩电压等级与国内不同时，往下取国内最接近的电压等级。

c） 不予统计的业绩有（不限于此）：

1） 与同类产品制造厂之间的业绩（2015 年以后国家电网有限公司变电站整站招标的除外）；

2） 作为元器件、组部件的业绩；

3） 产品在试验室或试验站的业绩；

4） 供应商与经销商、代理商之间的业绩（出口业绩除外）；

5） 与非最终用户（即业主单位或负责所供货物运行、生产的单位以外的主体）签订的供货合同；

6） 出口业绩的外贸合同、发票、报关单及对应产品型号等信息资料难以核对或信息不全的。

4 设计研发能力

4.1 技术来源与支持

查阅与合作支持方的协议及设计文件图纸等相关信息。

4.2 设计研发内容

查阅新产品新材料的设计、试验、关键工艺技术、质量控制方面的研发情况。

4.3 设计研发人员

查阅设计研发部门的机构设置及人员信息。

4.4 获得专利情况

查阅与产品相关的专利证书。

4.5 参与标准制（修）订情况

查阅主持或参与制（修）订并已颁布的标准等证明材料信息，在发布的标准前言中需有被核实供应商的署名。

4.6 产品获奖情况

查阅与产品相关的省部级及以上获奖证书的相关信息。

4.7 商业信誉

查阅企业相关国家、行业或第三方发布的综合实力、品牌等排名。

5 生产制造能力

5.1 ※生产厂房

查阅不动产权证书、土地使用权证、房屋产权证、厂房设计图纸、房屋租赁合同、用电客户编号等相关信息。

具有与产品相配套的厂房，厂房不能临时租用或借用，厂房面积、生产环境和工艺布局按从原材料、组部件到产品入库所规定的每道工序的工艺文件及工艺技术的要求合理布局，且能保证被核实产品的生产。

5.2 生产工艺

5.2.1 ※工艺控制文件

查阅供应商提供的工艺控制文件、管理体系文件等相关信息。

各工序的作业指导书、工艺控制文件齐全、统一、规范，并与现行的生产工艺一致。其工艺文件中所规定的关键技术要求和技术参数符合国家标准、电力行业标准、国家电网有限公司物资采购标准的要求。各工艺环节中无国家明令禁止的行为。

不同类型绝缘子产品主要生产工序如下：

a） 复合绝缘子：配料、混炼、开炼、芯棒制作（若有）、成型（挤包穿伞工艺的护套挤包、硫化、制伞、穿伞；整体成型工艺的注射或模压）、装配、出厂试验、包装等。

注：1） 生产 500kV 及以上产品需具备混炼胶相关工序；

2） 对于外购混炼胶的供应商，无需炼胶相关工序，提供符合 DL/T 376 的试验报告；

3） 挤包护套采用短时加热硫化工艺的还需进行二次硫化。

b） 瓷绝缘子：配料、球磨、除铁、榨泥、粗炼、陈腐、真空炼泥、成形、阴干、成型、修理、干燥、坯检、上砂（若有）、上釉、烧成、瓷检、内水压（160kN 及以上）、金属附件的缓冲层涂覆、胶合剂配制、胶装、养护、瓷件强度检查、出厂试验、包装等。

c） 玻璃绝缘子：配料、熔制、成型、钢化、冷热冲击、均质处理（500kV 及以上）、金属附件的缓冲层涂覆、胶合剂配制、胶装、养护、玻璃件强度检查、出厂试验、包装等。

5.2.2 ※关键生产工艺控制

查阅工艺流程控制记录等相关资料。

供应商按质量管理体系规定确定关键工序并列表，关键工序符合：从原材料/组部件到产品入库所规定的每道工序的规定工艺技术成熟、稳定，保证产品生产的需要；工序的各环节按工艺文件执行，工艺控制的现场记录内容规范、详实，具有可追溯性。

5.2.3 标志标识

生产现场定置管理，有明显的标识牌，主要生产设备的操作规程图表上墙。

5.2.4 智能化工艺水平

各类型绝缘子产品智能化工艺水平应符合以下要求：

a） 瓷绝缘子：

成型工艺一般包括冲压、下部修坯、干燥（如有）、翻转以及上部修坯等工序，智能化工艺水平包括：

1） 全自动化成型工艺：由各设备依据工序流程串联而成的作业流水线，自泥段从真空练泥机出口切离开始，至坯件成型完毕运离成型设备结束，整个过程（包括压力、时间、尺寸等参数的监控）均由设备自动控制及衔接完成，无人工干预；

2） 半自动化成型工艺：由各设备依据工序流程串联而成的作业流水线，自泥段进入冲压设备开始（包含泥段的进入过程），以及后续的冲压、下部修坯、干燥（如有）、翻转、上部修坯，直至坯件成型结束，整个过程（包括压力、时间、尺寸等参数的监控）至多 1 个控制节点需要人工干预；

3） 手动成型工艺：不满足上述全自动化和半自动化成型工艺条件的其他成型工艺。

b） 玻璃绝缘子：

装配工艺一般包括铁帽植绒及烘干、钢脚上漆及烘干、水泥胶合剂制备、水泥胶合剂定量分配、胶装以及养护等工序，智能化工艺水平包括：

1） 全自动化装配工艺：由各设备依据工序流程串联而成的作业流水线，从铁帽、钢脚、玻璃件、水泥胶合剂、定位工装等原材料投入到设备后开始，至养护结束，除胶装后绝缘子人工转运至养护架外，整个过程（包括温度、时间、尺寸、振动频率等参数的监控）均由设备自动控制及衔接完成，无人工干预；

2） 半自动化装配工艺：由各设备依据工序流程串联而成的作业流水线；铁帽植绒及烘干工序从铁帽投入到作业流水线后开始，至烘干结束；钢脚上漆及烘干工序从钢脚投入到作业流水线后开始，至烘干结束；胶装工序从制备好的金属附件、玻璃件、制备好的水泥胶合剂、定位工装等投入到作业流水线后开始，至养护结束；除胶装后绝缘子人工转运至养护架外，整个过程（包括温度、时间、尺寸、振动频率等参数的监控）至多 1 处控制节点需要人工干预；

3） 手动装配工艺：不满足上述全自动化或半自动化装配工艺条件的其他装配工艺。

c） 复合绝缘子：

炼胶工艺一般包括投料（包括称重以及混合等环节）、密炼、捏合、加硫加色以及返炼等工序，智能化工艺水平包括：

1） 全自动化炼胶工艺：由各设备依据工序流程串联而成的作业流水线，从投料（包括称重以及混合等环节）开始，至返炼结束，除陈腐/静置过程的人工转运外，整个过程（包括捏合过程的时间、温度以及压力控制）均由设备自动控制及衔接完成，无人工干预；

2） 半自动化炼胶工艺：由各设备依据工序流程串联而成的作业流水线，从投料（包括称重以及混合等环节）开始，至返炼结束，除陈腐/静置过程的人工转运外，整个过程（包括捏合过程的时间、温度以及压力控制）允许 1 个控制节点人工干预；

3） 手动炼胶工艺：不满足上述全自动化和半自动化炼胶工艺条件的其他炼胶工艺。

5.3 ※生产设备

查阅设备的现场实际情况及购买合同、发票等相关信息。

a） 具有与产品生产相适应的设备，设备自有，不能租用或借用。

b） 设备使用正常。设备上的计量仪器仪表具有有效期内的检定证书或校准证书，有明显的计量标识。建立设备管理档案（包括使用说明、台账、保养维护记录等），其维修保养等记录规范、详实，并具有可追溯性。

主要生产设备如下：

a）复合绝缘子：注射成型工装设备主要有压接机、芯棒打磨机（特高压注射工艺需备）、芯棒预热设备、注射成型设备、相应模具；挤包穿伞工装设备主要有压接机、护套挤包机、伞裙成型设备、穿伞机、硫化装置等。自行炼胶的供应商需具有真空捏合机、密炼机、开炼机。生产500kV及以上产品的供应商需自行炼胶。

b）瓷绝缘子：配料装置、球磨机、振动筛、搅拌机、除铁器、输送管道（铜或不锈钢制）、榨泥机、真空炼泥机、成型设备、上釉设备、上砂设备（对圆柱头）、干燥装备、窑炉、胶装装置、养护设备等。

c）玻璃绝缘子：配料称量系统、混料机、加料机、玻璃熔炉及控制系统、玻璃压机、钢化机、冷热冲击生产线、均质处理设备（500kV及以上）、胶合剂配制装置、胶装装置、养护设备等。

注：供应商如果对具有玻璃件生产线的子公司（以下简称“玻璃件子公司”）绝对控股，可不具备玻璃件生产线。但玻璃件子公司的玻璃件生产线需具备玻璃件生产条件，且玻璃件子公司只生产玻璃件，不生产玻璃绝缘子成品。绝缘子供应商还需提供与玻璃件子公司签订的玻璃件生产合同，同时提供玻璃件子公司的企业法人营业执照及可以证明股权结构的相关文件。

5.4 生产、技术、质量管理人员

查阅人力资源部门管理文件（如劳动合同、人员花名册、社保证明等），包括生产、技术、质量管理等人员数量。结合现场实际情况，观察现场人员的操作水平和判断能力，应符合以下要求：

a）具有生产需要的专职生产人员及技术人员，且不借用其他公司的人员。一线生产人员培训上岗（有培训记录并存档），操作熟练。

b）具有质量管理组织机构、质量管理部门及人员。

6 试验检测能力

6.1 ※试验场所

查看试验场所现场情况。

具有与产品检验相配套的试验场所，试验场所环境具备试验条件，试验场所不临时租用或借用。

6.2 ※试验检测管理

查阅相关的规章制度文件、原始记录及出厂试验报告（逐个和抽样）等相关信息。

具有试验室管理制度、操作规程、试验标准，并在操作过程中严格按照规程执行。

6.3 ※试验检测设备

查阅设备的现场实际情况及购买合同、发票、计量检定/校准证书等相关信息，应符合以下要求：

a）逐个试验和抽样试验的设备齐全（试验在本单位进行），检测要求符合国家标准、行业标准和国家电网有限公司物资采购标准的规定，不能租用、借用其他公司

的设备，试验检测设备应符合附录 B。

b） 试验设备的量程和精度符合被测试验数据有效性的要求，如机械力测量的容许偏差在±1%之内，电压测量的容许偏差在±3%之内。

c） 设备使用正常，相关的测量系统及仪器、仪表具有计量检定/校准证书，并处于有效期内，计量标识清晰醒目易辨识。建立设备管理档案（包括使用说明、台账、保养维护记录等），其维修保养等记录规范、详实，具有可追溯性。

6.4 ※试验检测人员

查阅人力资源部门管理文件（如劳动合同、人员花名册等）、人员资质证书及培训记录。

试验人员能独立完成试验，操作熟练，能理解并掌握相关国家标准、电力行业标准和国家电网有限公司物资采购标准的有关规定，并具有一定的试验结果分析能力。

高电压试验人员至少有 2 人，并经培训考核，持证上岗。

6.5 现场抽样

6.5.1 抽查出厂试验报告及原始记录

抽查出厂试验报告及原始记录，出厂试验报告及原始记录完整、正确，存档管理。

6.5.2 ※抽样检测

原则上现场应对与被核实产品相同或相近型式的产品进行抽样检验。样品应在供应商声明的合格产品中抽取，抽样检验项目一般在出厂试验项目中选取。抽样检验重点核实供应商试验方法、试验场地环境、人员操作能力、仪器设备有效性和产品性能等方面。

现场抽样检测应符合以下要求：

a） 现场抽样仅对具有有效型式试验报告的产品进行抽样试验，抽样试验设备的计量检定/校准证书在有效期内。

b） 现场随机抽取产品型号和种类具需有代表性，如有 3 种及以上型号的产品，抽取不少于 3 种型号产品，试验结果符合国家标准、行业标准和国家电网有限公司物资采购标准并一次性通过。

c） 盘形悬式绝缘子头部结构不同的产品、棒形悬式复合绝缘子金属附件连接结构不同的产品，需分别进行抽样。

d） 盘形悬式绝缘子吨位相同情况下，结构高度大的产品抽样试验结果可以覆盖结构高度小的产品；大盘径大爬距三伞产品的抽样试验结果可以覆盖双伞形产品；大盘径大爬距的钟罩形产品可以覆盖普通型产品，反之不可以。如三伞、钟罩产品不合格，可以重新抽取双伞或普通型产品。

e） 棒形悬式复合绝缘子吨位相同情况下，高电压等级产品抽样试验结果可以覆盖低电压等级产品，有特殊要求的产品除外（如 750kV 及以上产品）。

f） 试验顺序从低吨位、低电压等级开始做起，向高吨位、高电压等级进行。如低吨位、低电压等级产品抽样试验结果不合格，试验不再继续进行。

g） 现场抽样检测项目和试品数量应符合附录 C。

7 原材料/组部件管理

7.1 ※管理规章制度

查阅原材料/组部件管理规章制度：

a） 进厂检验制度及其他原材料/组部件管理制度和执行记录。

b） 具有主要原材料/组部件供应商评估筛选制度和执行记录。

各类型绝缘子主要原材料/组部件包括：

a） 复合绝缘子：环氧树脂玻璃纤维引拔棒、硅橡胶、※气相法白炭黑、氢氧化铝粉、均压环、金属附件、锁紧销等。

b） 瓷绝缘子：氧化铝粉或铝钒土、长石粉、黏土、石英粉、钢脚、铁帽、锁紧销、水泥等。

c） 玻璃绝缘子：石英砂、工业纯碱、碳酸钡、碳酸钾、白云石、石灰石、钢脚、铁帽、锁紧销、水泥等。

7.2 ※管理控制情况

7.2.1 原材料/组部件管理实际执行情况

原材料/组部件管理实际执行情况应符合以下要求：

a） 设计采用的原材料/组部件无国家明令禁止的。

b） 按工艺文件所规定的技术要求和相应管理文件采购，有原材料/组部件供应商的评估筛选记录。主要原材料/组部件供应商变更有相应的报告，并在相关工艺文件中说明。

c） 按质量管理程序规定进行进厂检验，验收合格后入库，检测记录完整详实，并具有可追溯性。

d） 物资仓库有足够的存储空间和适宜的环境，实行定置管理，分类独立存放，标识清晰、正确、规范、合理。

e） 原材料/组部件使用现场记录内容规范、详实，具有可追溯性。

7.2.2 原材料/组部件检测设备

原材料/组部件检测设备应符合附录 D。

8 数智制造

应用互联网和物联网技术，打造“透明工厂”，生产制造、试验检验、原材料/组部件管理等信息对买方公开，接入国家电网电工装备智慧物联平台。

加强数字基础设施建设，推动数字技术与先进制造技术融合发展。供应商相关业务数据、原材料/组部件检验数据、生产过程检验数据、出厂试验数据、成品信息数据和视频数据等支持自动采集或系统推送。数据接口需保障数据完整性、正确性、安全性，具有可扩展性、通信实时性等。

具有原材料/组部件数据及检验数据接入条件，从原材料采购直至原材料检验入库过程中关键工艺主要包括：

a） 盘形悬式瓷绝缘子：高温氧化铝或矾土、黏土、铁帽、钢脚、水泥 5 项。
b） 盘形悬式玻璃绝缘子：石英砂、铁帽、钢脚、水泥 4 项。
c） 棒形悬式复合绝缘子：混炼胶、芯棒、端部金属附件 3 项。

具有工艺控制数据及检测数据接入条件，生产工艺流程中关键工艺主要包括：
a） 盘形悬式瓷绝缘子：真空炼泥、烧成、瓷件检验、胶装养护、逐个检验 5 项。
b） 盘形悬式玻璃绝缘子：熔制、钢化、冷热冲击、均质处理、胶装养护、逐个检验 6 项。
c） 棒形悬式复合绝缘子：压接、整体注射/挤包穿伞成型、例行拉力 3 项。

具有出厂试验数据接入条件，关键试验流程包括：
a） 盘形悬式瓷绝缘子、盘形悬式玻璃绝缘子：尺寸检查、机电破坏负荷试验、击穿耐受试验、残余机械强度试验 4 项。
b）棒形悬式复合绝缘子：尺寸检查、端部装配件与伞套间界面的密封检查、规定机械负荷验证、陡波前冲击耐受电压试验、护套厚度检查 5 项。

具有视频接入条件，设备视频数据采集应包括：
a） 盘形悬式瓷绝缘子：瓷件检验、逐个检验、机电破坏负荷试验、击穿耐受试验 4 个区域。
b） 盘形悬式玻璃绝缘子：成型、胶装养护、逐个检验、机械破坏负荷试验、击穿耐受试验 5 个区域。
c） 棒形悬式复合绝缘子：成型、压接、规定机械负荷验证、陡波前冲击耐受电压试验 4 个区域。

9 绿色发展

查看供应商资源能源消耗情况、战略体系、绿色认证及其他支撑材料，包括：
a） 相关油、水、气、煤及电力、热力等能源消耗，建立能源利用统计报表制度，分析生产经营环节能源利用情况。
b） 相关绿色工厂认证、绿色产品标识、绿色供应链管理等相关资质文件。
c） 将绿色发展理念融入战略体系中，并形成明确的绿色发展目标，制定详实且具有操作性的实施路径。
d） 建立、实施并保持支撑企业绿色低碳发展的绿色管理体系情况，包括但不限于能源管理体系、碳排放管理体系、能源计量管理体系等。
e） 使用无害原材料，禁止使用国家明令禁止的淘汰设备、工艺技术等，并应用国家鼓励的节能设备与先进工艺技术情况。
f） 建立完善的绿色采购管理制度，推广绿色包装材料应用，并建立系统的循环利用体系，实施绿色制造情况。
g） 生产环节的大气污染物排放、水体污染物排放、固体废弃物排放、噪声排放等基础排放符合相关国家标准及地方标准要求情况。

10　售后服务及产能

10.1　售后服务

查阅管理文件、组织机构设置、人员档案及售后服务记录等相关信息，查阅以往的售后服务记录，记录完整规范，并具有可追溯性。

10.2　产品产能

通过现场实际情况，根据产品生产产能的瓶颈进行判断。

a）不同产品的产能瓶颈主要考虑以下设备和工装情况：

1）棒形悬式复合绝缘子：注射成型机或模压成型机、挤包穿伞机数量及穿伞工序的工位数量和工人熟练程度。

2）盘形悬式瓷绝缘子：窑炉的容积、数量及胶装生产线。

3）盘形悬式玻璃绝缘子：玻璃件熔炉和成型生产线能力、胶装线（或胶装装置）的数量。

b）棒形悬式复合绝缘子年产能计算公式：

$$y = ab \times 300 \times 24 \times 60/(cd) \tag{1}$$

式中：

a——适用于该等级绝缘子的注射机数量；

b——单模出数；

c——注射段数；

d——注射时间（min）；

y——设计年生产能力。

c）盘形悬式玻璃绝缘子年产能计算公式：

$$y = efgh \times 300 \times 24 \times 60 \tag{2}$$

式中：

e——机速（滴/min）；

f——生产线数量（条）；

g——玻璃件合格率（%）；

h——成品合格率（%）。

d）盘形悬式瓷绝缘子年产能计算公式：

$$y = jkmn \times 300/p + qrst \times 300 \tag{3}$$

式中：

j——适合该等级绝缘子的窑炉总容积（m^3，瓷－抽屉窑）；

k——单位体积装载量（片/m^3，瓷－抽屉窑）；

m——瓷件合格率（%，瓷－抽屉窑）；

n——成品合格率（%，瓷－抽屉窑）；

p——烧成周期（天，瓷－抽屉窑）；

q ——每日出窑车辆总数（辆/天，瓷－隧道窑）；
r ——每窑车产品装载量（片/车，瓷－隧道窑）；
s ——瓷件合格率（%，瓷－隧道窑）；
t ——成品合格率（%，瓷－隧道窑）。

本文件中所有核实内容都将对供应商参与招投标活动有重要影响，其中标记“※”的内容是以往招标必备项的要求，也是重点核实内容，其他未标记“※”的为一般核实内容。

附　录　A
试验报告包含试验项目

A.1　交流架空线路用棒形悬式复合绝缘子

A.1.1　※定型试验试验项目（参见 GB/T 19519）

定型试验试验项目包括：

a） 设计试验：
  1） 界面和端部装配件连接试验；
  2） 伞和伞套材料试验；
  3） 芯棒材料试验；
  4） 装配好的芯棒的负荷—时间试验。

b） 型式试验：
  1） 干雷电冲击耐受电压试验；
  2） 湿工频耐受电压试验；
  3） 湿操作冲击耐受电压试验（对于系统电压 U_m≥330kV 的绝缘子）；
  4） 无线电干扰电压试验（对于系统电压 U_m≥330kV 的绝缘子）；
  5） 损伤极限验证试验及端部装配件与绝缘子伞套间界面的密封试验。

c） 抽样试验：
  1） 尺寸检查（E_1+E_2）；
  2） 端部装配件检查（E_2）；
  3） 端部装配件与伞套间界面的密封检查（E_2）和规定机械负荷（SML）验证（E_1）；
  4） 镀锌层试验（E_2）；
  5） 陡波前冲击耐受电压试验。

d） 逐个试验：
  1） 机械逐个试验；
  2） 外观检查。

注：按原 GB/T 19519—2004 出具的定型试验报告暂时有效。

A.1.2　委托试验试验项目（参见《国家电网有限公司物资采购标准　绝缘子卷》）

委托试验试验项目包括：

a） 120%额定机械负荷 24h 耐受试验（对于系统电压 U_m≥750kV 的绝缘子）；

b） 可见电晕电压试验（对于系统电压 U_m≥330kV 的绝缘子）。

A.2　交流盘形悬式（瓷/玻璃）绝缘子

A.2.1　※定型试验项目（参见 GB/T 1001.1）

定型试验试验项目包括：

a） 型式试验：

1） 尺寸检查；

2） 雷电冲击干耐受电压试验；

3） 工频湿耐受电压试验；

4） 残余机械强度试验；

5） 机电破坏负荷试验（仅对瓷绝缘子）；

6） 机械破坏负荷试验（仅对玻璃绝缘子）；

7） 热机械性能试验；

8） 无线电干扰试验；

9） 可见电晕电压试验；

10）击穿耐受试验：

工频击穿耐受试验（*SFL*＜160kN）；

空气中冲击击穿试验（*SFL*≥160kN）。

注：5）、6）试验前需先进行温度循环试验。

b） 抽样试验：

1） 尺寸检查；

2） 偏差检查；

3） 锁紧销检查；

4） 温度循环试验；

5） 机电破坏负荷试验（仅对瓷绝缘子）；

6） 机械破坏负荷试验（仅对玻璃绝缘子）；

7） 孔隙性试验（仅对瓷绝缘子）；

8） 热震试验（仅对玻璃绝缘子）；

9） 击穿耐受试验：

工频击穿耐受试验（*SFL*＜160kN）；

空气中冲击击穿试验（*SFL*≥160kN）；

10）镀层试验；

11）无线电干扰试验；

12）残余机械强度试验。

c） 逐个试验：

1） 外观检查；

2） 机械试验；

3） 电气试验。

注：逐个电气试验是仅对瓷绝缘子进行的工频火花试验或高频火花试验（仅对于系统电压 U_m 为 1000kV 绝缘子），按原 GB/T 1001.1—2003 出具的定型试验报告暂时有效。

A.2.2 委托试验试验项目（参见《国家电网有限公司物资采购标准 绝缘子卷》）

委托试验试验项目包括：

a） 锁紧销检查（型式试验，试品数量 5 片）。

b） 击穿耐受试验（仅对依据 GB/T 1001.1—2003 出具定型试验报告的绝缘子，型式试验，试品数量 10 片）：

160kN 以下机械强度等级的瓷、玻璃绝缘子可进行油中工频击穿耐受试验；

160kN 及以上机械强度等级的瓷、玻璃绝缘子进行空气中冲击击穿试验。

c） 残余机械强度试验（仅对依据 GB/T 1001.1—2003 出具定型试验报告的绝缘子，抽样试验，试品数量 E_3）。

d） 孔隙性试验（仅对瓷绝缘子，试品从委托试验中的可用试品中选取，型式试验，试品数量 10 块）。

e） 热震试验（仅对玻璃绝缘子，型式试验，试品数量 10 片）。

f） 锌层试验（型式试验，试品数量 5 片）。

g） 可见电晕电压试验（仅对系统电压 U_m≥220kV 且依据 GB/T 1001.1—2003 出具定型试验报告的绝缘子，型式试验，试品数量 5 片）。

h） 无线电干扰试验（仅对系统电压 U_m≥330kV 且依据 GB/T 1001.1—2003 出具定型试验报告的绝缘子，型式试验，试品数量 5 片）。

i） 工频电弧试验（对于系统电压 U_m≥220kV 的绝缘子，型式试验，试品数量 8 片）。

注：不同吨位等级、不同伞形产品的工频电弧试验结果不能互相替代；同吨位等级、同伞形大盘径、大爬距、大结构高度的产品可以代替小盘径、小爬距、小结构高度的产品。

j） 内水压试验（仅对 160kN 及以上瓷件，逐个试验，提供记录）。

k） 水泥胶合剂压蒸膨胀率试验（提供有效试验报告）。

l） 镀锌层的化学分析试验（提供有效试验报告）。

A.3 地线用盘形悬式（瓷/玻璃）绝缘子

※定型试验项目（参见 JB/T 9680）

定型试验试验项目包括：

a） 型式试验：

1） 尺寸和电极装配检查；

2） 50%雷电冲击干闪络电压试验（安装电极）；

3） 残留机械强度试验；

4） 机电破坏负荷试验（仅对地线用盘形悬式瓷绝缘子）；

5） 机械破坏负荷试验（仅对地线用盘形悬式玻璃绝缘子）；

6） 热机械性能试验。

注：4）、5）试验前需先进行温度循环试验。

b） 抽样试验：

1） 尺寸检查（包括电极）；

2） 偏差检查；

3） 温度循环试验；

4） 机电破坏负荷试验（仅对地线用盘形悬式瓷绝缘子）；
5） 机械破坏负荷试验（仅对地线用盘形悬式玻璃绝缘子）；
6） 孔隙性试验（仅对地线用盘形悬式瓷绝缘子）；
7） 热震试验（仅对地线用盘形悬式玻璃绝缘子）；
8） 工频击穿耐受电压试验；
9） 镀层试验；
10）螺栓扭矩试验。

c） 逐个试验：

1） 外观检查；
2） 机械试验；
3） 电气试验。

注：逐个电气试验是仅对地线用盘形悬式瓷绝缘子进行的工频火花试验。

附　录　B
不同类型绝缘子的检测设备

不同类型绝缘子的检测设备应符合表 B.1。

表 B.1　不同类型绝缘子的检测设备

序号	检测设备
一、交流架空线路棒形悬式复合绝缘子	
1	*冲击电压发生器及陡波测量系统
2	*卧式拉力试验机
3	*锌层测厚仪
4	*锁紧销操作试验装置
5	*尺寸检查器具、量规
6	硅橡胶材料耐漏电起痕试验设备（对于系统电压 U_m≥330kV 的绝缘子）
7	硅橡胶击穿场强测试设备（对于系统电压为 1000kV 绝缘子的必备设备）
8	硅橡胶万能材料试验设备（抗撕裂强度、机械扯断强度、拉断伸长率）（对于系统电压 U_m≥330kV 的绝缘子）
9	硅橡胶硬度测试仪（对于系统电压 U_m≥330kV 的绝缘子）
10	护套厚度测试仪
11	憎水性测试装置
12	可燃性测试仪
13	*测温仪
14	*金属附件和伞套间界面的渗透性试验器具
15	*水煮试验装置
16	*工频试验成套装置
二、交流盘形悬式绝缘子	
1	*工频火花试验装置（仅对瓷绝缘子）
2	高频火花试验装置（对于系统电压为 1000kV 的瓷绝缘子为必备设备）
3	*万能材料试验机
4	*陡波冲击试验装置（仅对 160kN 及以上瓷、玻璃绝缘子）
5	*锁紧销试验装置
6	*锌层厚度测量仪
7	*尺寸检查器具、通止规
8	*轴向、径向偏移检查装置

表 B.1（续）

序号	检测设备
9	*温度循环试验装置
10	*孔隙性试验装置（仅对瓷绝缘子）
11	*热震试验装置（仅对玻璃绝缘子）
12	*工频电压试验装置（仅对 120kN 及以下瓷、玻璃绝缘子）
13	可见电晕和无线电干扰试验设备（对于系统电压为 1000kV 的瓷、玻璃绝缘子为必备设备）
注：表中标*为主要设备。	

附 录 C
现场抽样检测项目和试品数量

C.1 交流架空线路用复合绝缘子

a） 试品数量：现场随机抽样试品 4 支，其中样本数量 E_1=3、E_2=1，母本数量不少于被抽样试品数量的 2 倍。芯棒直径相同、金具生产厂家及材质相同、压接工艺及参数相同、机械强度等级相同的系列绝缘子，抽取高电压等级产品的进行试验，结果对这一系列的绝缘子有效。

b） 抽样检测项目应符合表 C.1。

表 C.1 交流架空线路用复合绝缘子抽样检测项目

项目序号	试验项目名称	试验依据	抽样数量（支）	试验方法
1	尺寸检查	GB/T 19519	E_1+E_2	GB/T 19519 及图样
2	镀锌层试验	GB/T 19519	E_2	GB/T 19519
3	端部装配件检查	GB/T 19519	E_2	GB/T 19519
4	陡波前冲击耐受电压试验	GB/T 19519	E_1 中的 1 支	GB/T 19519
5	端部装配件与伞套间界面的密封检查	GB/T 19519	E_2	GB/T 19519
6	规定机械负荷 SML 验证	GB/T 19519	E_1	GB/T 19519
7	机械负荷破坏试验	GB/T 19519	E_1	GB/T 19519
8	护套最小厚度检查	Q/GDW 13253.1	E_1	Q/GDW 13253.1
9*	1.2 倍额定机械负荷耐受试验（≥750kV）	Q/GDW 13253.1	E_1 中的另 1 支	Q/GDW 13253.1

注 1：带*号的项目仅对最高电压等级、最高机械强度等级的 1 支产品进行试验且序号 6 项免试。
注 2：对于陡波前冲击耐受电压试验可仅取两端和中间各 1m 的短段按标准规定进行试验，且试验前可不进行水浸渍应力试验。
注 3：第 8 项护套最小厚度检查的试品为机械破坏后的绝缘子完好部分，每支绝缘子任取 3 个位置剖开，测量护套的最小厚度，结果符合 Q/GDW 13253.1 的要求。

C.2 交流盘形悬式（瓷/玻璃）绝缘子

a） 试品数量。现场随机抽样试品 20 只，其中样本数量 E_1=8、E_2=4、E_3=8，母本数量不少于被抽样试品数量的 2 倍。

b） 抽样检测项目应符合表 C.2。

表 C.2　交流盘形悬式（瓷/玻璃）绝缘子抽样检测项目

项号	试验名称	试验依据	抽样数量 只		接收判据
			瓷	玻璃	
1	尺寸检查	GB/T 1001.1	E_1+E_2	E_1+E_2	GB/T 1001.1
2	偏差检查	GB/T 1001.1	E_1+E_2	E_1+E_2	GB/T 1001.1
3	锁紧销检查	GB/T 1001.1	E_2	E_2	GB/T 1001.1
4	温度循环试验	GB/T 1001.1	$E_1+E_2+E_3$	E_1+E_3	GB/T 1001.1
5	机电破坏负荷试验	GB/T 1001.1	E_1	—	Q/GDW 13251.1
6	机械破坏负荷试验	GB/T 1001.1	—	E_1	Q/GDW 13251.1
7	热震试验	GB/T 1001.1	—	E_2	GB/T 1001.1
8	击穿耐受试验：空气中冲击击穿试验（*SFL*≥160kN）	GB/T 1001.1 GB/T 20642	E_2	E_2	Q/GDW 13251.1
	击穿耐受试验：工频击穿耐受试验（*SFL*<160kN）	GB/T 1001.1	E_2	E_2	GB/T 1001.1
9	孔隙性试验	GB/T 1001.1	E_1	—	GB/T 1001.1
10	镀层试验	GB/T 1001.1	E_2	E_2	GB/T 1001.1
11	残余机械强度试验	GB/T 1001.1	E_3	E_3	GB/T 22709

注：可见电晕电压及无线电干扰试验（220kV 及以上）、水泥压蒸膨胀率试验、瓷件实际破坏强度试验均提供近期报告。

附 录 D
不同类型绝缘子的原材料组部件检测设备

不同类型绝缘子的原材料/组部件检测设备应符合表 D.1。

表 D.1 不同类型绝缘子的原材料/组部件检测设备

序号	检测设备
一、交流架空线路复合绝缘子	
1	*伞套材料耐漏电起痕和电蚀损试验设备（对于系统电压≥330kV 的绝缘子）
2	*硅橡胶击穿场强测试设备（对于系统电压≥330kV 的绝缘子）
3	超高阻计（对于系统电压为 1000kV 的绝缘子为必备设备）
4	*硅橡胶万能材料试验设备（抗撕裂强度、机械扯断强度、拉断伸长率）（对于系统电压 U_m≥330kV 的绝缘子）
5	硅橡胶邵氏硬度测试仪（对于系统电压为 1000kV 的绝缘子为必备设备）
6	硅橡胶硫化仪（对于系统电压为 1000kV 的绝缘子为必备设备）
7	*硅橡胶憎水性测试装置
8	护套厚度测试仪（仅对注射工艺，超声无损测厚）
9	硅橡胶可燃性测试仪（对于系统电压为 1000kV 的绝缘子为必备设备）
10	硅橡胶电阻率试验设备（对于系统电压为 1000kV 的绝缘子为必备设备）
11	芯棒吸水率试验设备（对于系统电压为 1000kV 的绝缘子为必备设备）
12	芯棒巴氏硬度试验设备（对于系统电压为 1000kV 的绝缘子为必备设备）
13	芯棒拉伸强度试验设备（对于系统电压为 1000kV 的绝缘子为必备设备）
14	芯棒耐应力腐蚀试验设备（对于系统电压为 1000kV 的绝缘子为必备设备）
15	*芯棒染料渗透试验设备
16	*芯棒水扩散试验设备
17	*芯棒测温仪
18	*芯棒灯光透视检验设备
19	*工频试验成套装置
20	芯棒热态弯曲强度试验设备（仅对注射工艺、系统电压为 1000kV 的绝缘子为必备设备）
二、交流盘形悬式（瓷/玻璃）绝缘子	
1	内水压试验设备（对于 160kN 及以上瓷件为必备设备）
2	*冲压强度试验装置（仅对玻璃件）

表 D.1（续）

序号	检测设备
3	*万能材料试验机
4	铁帽、钢脚机械拉伸破坏负荷试验装置（对于系统电压为 1000kV 的瓷、玻璃绝缘子为必备设备）
5	铁帽、钢脚无损探伤试验装置（对于 160kN 及以上产品为必备设备）
6	玻璃件硫化镍均质处理检测设备（对于系统电压为 1000kV 的绝缘子为必备设备）
注：标*为主要设备。	

直流架空线路用绝缘子供应商资质能力信息核实规范

目　次

直流架空线路用绝缘子供应商资质能力信息核实规范

1 范围

本文件规定了国家电网有限公司对直流绝缘子产品供应商的资质条件及制造能力信息进行核实的依据。

本文件适用于国家电网有限公司直流绝缘子产品供应商的信息核实工作。包括：

a） 直流架空线路用棒形悬式复合绝缘子；

b） 直流架空线路用盘形悬式绝缘子；

c） 直流架空线路用盘形悬式玻璃绝缘子。

2 规范性引用文件

下列文件中的内容通过文中的规范性引用而构成本文件必不可少的条款。其中，注日期的引用文件，仅该日期对应的版本适用于本文件；不注日期的引用文件，其最新版本（包括所有的修改单）适用于本文件。

GB 311.1　绝缘配合　第 1 部分：定义、原则和规则

GB/T 772　高压绝缘子瓷件　技术条件

GB/T 1001.1　标称电压高于 1000V 的架空线路绝缘子　第 1 部分：交流系统用瓷或玻璃绝缘子元件　定义、试验方法和判定准则

GB/T 4056　绝缘子串元件的球窝联接尺寸

GB/T 7253　标称电压高于 1000V 的架空线路绝缘子　交流系统用瓷或玻璃绝缘子元件　盘形悬式绝缘子元件的特性

GB/T 19443　标称电压高于 1500V 的架空线路绝缘子　直流系统用瓷或玻璃绝缘子串元件　定义、试验方法及接收准则

GB/T 20642　高压线路绝缘子空气中冲击击穿试验

GB/T 22707　直流系统用高压绝缘子的人工污秽试验

GB/T 22708　绝缘子串元件的热机和机械性能试验

GB/T 22709　架空线路玻璃和瓷绝缘子串元件绝缘体机械破损后的残余强度

GB/T 24623　高压绝缘子　无线电干扰试验方法

GB/T 25318　绝缘子串元件球窝联接用锁紧销尺寸和试验

GB/T 34937　架空线路绝缘子　标称电压高于 1500V 直流系统用悬垂和耐张复合绝缘子　定义、试验方法及接收准则

DL/T 376　聚合物绝缘子伞裙和护套用绝缘材料通用技术条件

DL/T 810　±500kV 及以上电压等级直流棒形悬式复合绝缘子技术条件

DL/T 1000.4　标称电压高于 1000V 架空线路用绝缘子使用导则　第 4 部分：直流系统用棒形悬式复合绝缘子

JB/T 3384　高压绝缘子抽样方案

JB/T 9673　绝缘子产品包装

JB/T 3567　高压绝缘子无线电干扰试验方法

JB/T 4307　绝缘子胶装用水泥胶合剂

JB/T 8177　绝缘子金属附件热镀锌层通用技术条件

JB/T 8178　悬式绝缘子铁帽　技术条件

JB/T 9677　盘形悬式绝缘子钢脚

JB/T 9678　盘形悬式绝缘子用钢化玻璃绝缘件外观质量

JB/T 9680　高压架空输电线路地线用绝缘子

JB/T 9683　绝缘子产品型号编制方法

Q/GDW 1167　交流系统用盘形悬式复合瓷或玻璃绝缘子元件

国家电网有限公司物资采购标准　绝缘子卷

3　资质信息

3.1　企业信息

3.1.1　※基本信息

查阅营业执照。

供应商为中华人民共和国境内依法注册的法人或其他组织。

3.1.2　法定代表人/负责人信息

查阅法定代表人/负责人身份证（或护照）。

3.1.3　财务信息

查阅审计报告、财务报表，其中审计报告为具有资质的第三方机构出具。

3.1.4　资信等级证明

查阅银行或专业评估机构出具的证明。

3.1.5　注册资本和股本结构

查阅验资报告。

3.2　报告证书

3.2.1　※检测报告

查阅检测报告、送样样品生产过程记录以及其他支撑资料。

a）检测报告出具机构为国家授权的专业检测机构或者国际专业权威机构。境内检验机构具有计量认证证书（CMA）及中国合格评定国家认可委员会颁发的实验室认可证书（CNAS），且证书附表检测范围涵盖所核实产品。境外机构出具的检测报告同时提供中文版本或经公证后的中文译本。

b）检测报告的委托方和产品制造方是供应商自身。

c） 检测产品类型与被核实的产品相一致。

d） 检验报告中载明的报告有效期，国家标准、行业标准、国家电网有限公司采购标准规定的检验报告有效期有差异的，以有效期短的为准；国家标准、行业标准、国家电网有限公司采购标准、试验机构均未明确检验报告有效期的，检验报告有效期按长期有效认定。

e） 产品检测报告的类型分为定型试验报告和委托试验报告，检测报告同时符合相应的国家标准、行业标准和国家电网有限公司物资采购标准规定。当定型试验报告不能完全符合标准规定时，不符合部分进行委托试验作为定型试验报告的补充。委托试验的有效期与定型试验报告不一致时，以定型试验报告的有效期为准。当产品定型试验需要重做时，委托试验的试品与定型试验试品需为同一批次产品。检测报告要求的试验项目和试验指标应符合附录 A。

f） 当产品是在同一工厂制造的，且具有相同的设计、结构、材料和制造工艺并符合设计试验（复合）、电气及机械型式试验等效条件时，检测方为有效。

g） 产品在设计、材料或制造工艺改变或者产品转厂生产或异地生产时，须重新进行相应的定型试验。

3.2.2 鉴定证书

查阅鉴定证书（对于 550kN 及以上产品需有鉴定证书）。

a） 鉴定证书的委托方和产品制造方为供应商自身。

b） 鉴定证书的产品型号与被核实的产品相一致。

3.2.3 ※管理体系认证

查阅管理体系认证证书，具有质量管理体系证书且证书在有效期内，有定期年检记录且认证范围涵盖被核实产品。

3.3 产品业绩

查阅供货合同及相对应的合同销售发票。

a） 合同的供货方和实际产品的生产方均为供应商自身。

b） 出口业绩提供报关单、中文版本或经公证后的中文译本合同，业绩电压等级与国内不同时，往下取国内最接近的电压等级。

c） 不予统计的业绩有（不限于此）：

1） 与同类产品制造厂之间的业绩（2015 年以后国网整站招标的除外）；

2） 作为元器件、组部件的业绩；

3） 产品在试验室或试验站的业绩；

4） 供应商与经销商、代理商之间的业绩（出口业绩除外）；

5） 与非最终用户（即业主单位或负责所供货物运行、生产的单位以外的主体）签订的供货合同；

6） 出口业绩的外贸合同、发票、报关单及对应产品型号等信息资料难以核对或信息不全的。

4 设计研发能力

4.1 技术来源与支持

查阅与合作支持方的协议及设计文件图纸等相关信息。

4.2 设计研发内容

查阅新产品、新材料的设计、试验、关键工艺技术、质量控制方面的研发情况。

4.3 设计研发人员

查阅设计研发部门的机构设置及人员信息。

4.4 获得专利情况

查阅与产品相关的专利证书。

4.5 参与标准制（修）订情况

查阅主持或参与制（修）订并已颁布的标准等证明材料信息，在发布的标准前言中有被核实供应商的署名。

4.6 产品获奖情况

查阅与产品相关的省部级及以上获奖证书的相关信息。

4.7 商业信誉

查阅企业相关国家、行业或第三方发布的综合实力、品牌等排名。

5 生产制造能力

5.1 ※生产厂房

查阅不动产权证书、土地使用权证、房屋产权证、厂房设计图纸、房屋租赁合同、用电客户编号等相关信息。

具有与产品相配套的厂房，厂房不能临时租用或借用，厂房面积、生产环境和工艺布局按从原材料、组部件到产品入库所规定的每道工序的工艺文件及工艺技术的要求合理布局，且能保证被核实产品的生产。

5.2 生产工艺

5.2.1 ※工艺控制文件

查阅工艺控制文件、管理体系文件等相关资料。

各工序的作业指导书、工艺控制文件齐全、统一、规范，并与现行的生产工艺一致。其工艺文件中所规定的关键技术要求和技术参数符合国家标准、电力行业标准、国家电网有限公司物资采购标准的要求。各工艺环节中无国家明令禁止的行为。

不同类型绝缘子产品主要生产工序如下：

a） 复合绝缘子：配料、混炼、开炼、芯棒制作（若有）、成型（挤包穿伞工艺的护套挤包、硫化、制伞、穿伞；整体成型工艺的注射或模压）、装配、出厂试验、包装等。

注：对于外购混炼胶的供应商，无需炼胶相关工序，提供符合 DL/T 376 的试验报告，挤包护套采用短时加热硫化工艺的还需进行二次硫化。

b） 瓷绝缘子：配料、球磨、除铁、榨泥、粗炼、陈腐、真空炼泥、成形、阴干、成型、修理、干燥、坯检、上砂（若有）、上釉、烧成、瓷检、内水压（160kN及以上）、金属附件的缓冲层涂覆、胶合剂配制、胶装、养护、出厂试验、包装等。

注：交直流生产线在同一生产区域内，泥料有醒目标记。

c） 玻璃绝缘子：配料、熔制、成型、钢化、冷热冲击、均质处理、金属附件的缓冲层涂覆、胶合剂配制、胶装、养护、出厂试验、包装等。

注：交直流玻璃件分开存储，并有醒目标记。

5.2.2 ※关键生产工艺控制

查阅工艺流程控制记录等相关资料。

供应商按质量管理体系规定确定关键工序并列表，关键工序符合：从原材料/组部件到产品入库所规定的每道工序的规定工艺技术成熟、稳定，保证产品生产的需要；工序的各环节按工艺文件执行，工艺控制的现场记录内容规范、详实，具有可追溯性。

5.2.3 标志标识

生产现场定置管理，有明显的标识牌，主要生产设备的操作规程图表上墙。

5.2.4 智能化工艺水平

各类型绝缘子产品智能化工艺水平，应符合以下要求：

a） 瓷绝缘子：

成型工艺一般包括冲压、下部修坯、干燥（如有）、翻转以及上部修坯等工序，智能化工艺水平包括：

1） 全自动化成型工艺：由各设备依据工序流程串联而成的作业流水线，自泥段从真空练泥机出口切离开始，至坯件成型完毕运离成型设备结束，整个过程（包括压力、时间、尺寸等参数的监控）均由设备自动控制及衔接完成，无人工干预；

2） 半自动化成型工艺：由各设备依据工序流程串联而成的作业流水线，自泥段进入冲压设备开始（包含泥段的进入过程），以及后续的冲压、下部修坯、干燥（如有）、翻转、上部修坯，直至坯件成型结束，整个过程（包括压力、时间、尺寸等参数的监控）至多1个控制节点需要人工干预；

3） 手动成型工艺：不满足上述全自动化和半自动化成型工艺条件的其他成型工艺。

b） 玻璃绝缘子：

装配工艺一般包括铁帽植绒及烘干、钢脚上漆及烘干、水泥胶合剂制备、水泥胶合剂定量分配、胶装以及养护等工序，智能化工艺水平包括：

1） 全自动化装配工艺：由各设备依据工序流程串联而成的作业流水线，从铁帽、钢脚、玻璃件、水泥胶合剂、定位工装等原材料投入到设备后开始，至养护结束，除胶装后绝缘子人工转运至养护架外，整个过程（包括温度、时间、尺寸、振动频率等参数的监控）均由设备自动控制及衔接完成，无人工干预；

2） 半自动化装配工艺：由各设备依据工序流程串联而成的作业流水线；铁帽植绒及烘干工序从铁帽投入到作业流水线后开始，至烘干结束；钢脚上漆及烘干工序从钢脚投入到作业流水线后开始，至烘干结束；胶装工序从制备好的金属附件、玻璃件、制备好的水泥胶合剂、定位工装等投入到作业流水线后开始，至养护结束；除胶装后绝缘子人工转运至养护架外，整个过程（包括温度、时间、尺寸、振动频率等参数的监控）至多 1 处控制节点需要人工干预；

3） 手动装配工艺：不满足上述全自动化或半自动化装配工艺条件的其他装配工艺。

c） 复合绝缘子：

炼胶工艺一般包括投料（包括称重以及混合等环节）、密炼、捏合、加硫加色以及返炼等工序，智能化工艺水平包括：

1） 全自动化炼胶工艺：由各设备依据工序流程串联而成的作业流水线，从投料（包括称重以及混合等环节）开始，至返炼结束，除陈腐/静置过程的人工转运外，整个过程（包括捏合过程的时间、温度以及压力控制）均由设备自动控制及衔接完成，无人工干预；

2） 半自动化炼胶工艺：由各设备依据工序流程串联而成的作业流水线，从投料（包括称重以及混合等环节）开始，至返炼结束，除陈腐/静置过程的人工转运外，整个过程（包括捏合过程的时间、温度以及压力控制）允许 1 个控制节点人工干预；

3） 手动炼胶工艺：不满足上述全自动化和半自动化炼胶工艺条件的其他炼胶工艺。

5.3 ※生产设备

查阅设备的现场实际情况及购买合同、发票等相关信息。

a） 具有与产品生产相适应的设备，设备自有，不能租用或借用。

b） 设备使用正常。设备上的计量仪器仪表具有有效期内的检定证书或校准证书，有明显的计量标识。建立设备管理档案（包括使用说明、台账、保养维护记录等），其维修保养等记录规范、详实，并具有可追溯性。

主要生产设备如下：

a） 复合绝缘子：注射成型工装设备主要有压接机、芯棒打磨机（特高压注射工艺需备）、芯棒预热设备、注射成型设备、相应模具；挤包穿伞工装设备主要有压接机、护套挤包机、伞裙成型设备、穿伞机、硫化装置等。自行炼胶的供应商具有真空捏合机、密炼机、开炼机。生产特高压产品的供应商需自行炼胶。

b） 瓷绝缘子：配料装置、球磨机、振动筛、搅拌机、除铁器、榨泥机、真空炼泥机、成型设备、上釉设备、上砂设备、干燥装备、窑炉、胶装装置、养护设备等。

c） 玻璃绝缘子：配料称量系统、混料机、加料机、玻璃熔炉及控制系统、玻璃压机、钢化机、冷热冲击生产线、均质处理设备、胶合剂配制装置、胶装装置、养护设备等。

注：供应商如果对具有玻璃件生产线的子公司（以下简称玻璃件子公司）绝对控股，可不具备玻璃件生产线。但玻璃件子公司的玻璃件生产线需具备玻璃件生产条件，且玻璃件子公司只生产玻璃件，不生产玻璃绝缘子成品。绝缘子供应商还需提供与玻璃件子公司签订的玻璃件生产合同，同时提供玻璃件子公司的企业法人营业执照及可以证明股权结构的相关文件。

5.4 生产、技术、质量管理人员

查阅人力资源部门管理文件（如劳动合同、人员花名册、社保证明等），包括生产、技术、质量管理等人员数量。结合现场实际情况，观察现场人员的操作水平和判断能力。

a） 具有生产的专职生产人员及技术人员，且不借用其他公司的人员。一线生产人员培训上岗（有培训记录并存档），操作熟练。

b） 具有质量管理组织机构、质量管理部门及人员。

6 试验检测能力

6.1 ※试验场所

查看试验场所现场情况。

具有与产品检验相配套的试验场所，试验场所环境具备试验条件，试验场所不临时租用或借用。

6.2 ※试验检测管理

查阅相关的规章制度文件、原始记录及出厂试验报告（逐个和抽样）等相关信息。

具有试验室管理制度、操作规程、试验标准，并在操作过程中严格按照规程执行。

6.3 ※试验检测设备

查阅设备的现场实际情况及购买合同、发票、计量检定/校准证书等相关信息，应符合以下要求：

a） 逐个试验和抽样试验的设备齐全（试验在本单位进行），检测要求符合国家标准、行业标准和国家电网有限公司物资采购标准的规定，不能租用、借用其他公司的设备，试验检测设备应符合附录B。

b） 试验设备的量程和精度符合被测试验数据有效性的要求，如机械力测量的容许偏差在±1%之内，电压测量的容许偏差在±3%之内。

c） 设备使用正常，相关的测量系统及仪器、仪表具有计量检定/校准证书，并处于有效期内，计量标识清晰醒目易辨识。建立设备管理档案（包括使用说明、台账、保养维护记录等），其维修保养等记录规范详实，具有可追溯性。

6.4 ※试验检测人员

查阅人力资源部门管理文件（如劳动合同、人员花名册等）、人员资质证书及培训记录。

试验人员能独立完成试验，操作熟练，能理解并掌握相关国家标准、电力行业标准

和国家电网有限公司物资采购标准的有关规定，并具有一定的试验结果分析能力。

高电压试验人员至少有 2 人，经培训考核，持证上岗。

6.5 现场抽样

6.5.1 抽查出厂试验报告及原始记录

抽查出厂试验报告及原始记录，出厂试验报告及原始记录完整、正确，存档管理。

6.5.2 ※抽样检测

原则上现场应对与被核实产品相同或相近型式的产品进行抽样检验。样品应在供应商声明的合格产品中抽取，抽样检验项目一般在出厂试验项目中选取。抽样检验重点核实供应商试验方法、试验场地环境、人员操作能力、仪器设备有效性和产品性能等方面。

a）现场抽样仅对具有有效型式试验报告的产品进行抽样试验，抽样试验设备的计量检定/校准证书在有效期内。

b）现场随机抽取产品型号和种类具有代表性，如有 3 种及以上型号的产品，抽取不少于 3 种型号产品，试验结果符合国家标准、行业标准和国家电网有限公司物资采购标准并一次性通过。

c）盘形悬式绝缘子头部结构不同的产品、棒形悬式复合绝缘子金属附件连接结构不同的产品，分别进行抽样。

d）盘形悬式绝缘子吨位相同情况下，结构高度大的产品抽样试验结果可以覆盖结构高度小的产品；大盘径大爬距三伞产品的抽样试验结果可以覆盖双伞形产品；大盘径大爬距的钟罩形产品可以覆盖普通型产品，反之不可以。如三伞、钟罩产品不合格，可以重新抽取双伞或普通型产品。

e）悬式复合绝缘子吨位相同情况下，高电压等级产品抽样试验结果可以覆盖低电压等级产品，有特殊要求的产品除外（如±800kV 及以上产品）。

f）试验顺序从低吨位、低电压等级开始做起，向高吨位、高电压等级进行。如低吨位、低电压等级产品抽样试验结果不合格，试验不再继续进行。

g）现场抽样检测项目和试品数量应符合附录 C。

7 原材料/组部件管理

7.1 ※管理规章制度

查阅原材料/组部件管理规章制度，应符合以下要求：

a）进厂检验制度及其他原材料/组部件管理制度和执行记录。

b）具有主要原材料组部件供应商评估筛选制度和执行记录。

各类型绝缘子主要原材料组部件包括：

a）复合绝缘子：环氧树脂玻璃纤维引拔棒、硅橡胶、※气相法白炭黑、氢氧化铝粉、均压环、金属附件、锁紧销等。

b）瓷绝缘子：氧化铝粉或铝钒土、长石粉、黏土、石英粉、带锌套钢脚、带锌环铁帽、锁紧销、水泥等。

c）玻璃绝缘子：石英砂、工业纯碱、碳酸钡、碳酸钾、白云石、石灰石、带锌套钢脚、带锌环铁帽、锁紧销、水泥等。

7.2 ※管理控制情况

7.2.1 原材料/组部件管理实际执行情况

原材料/组部件管理实际执行情况应符合以下要求：

a） 设计采用的原材料/组部件无国家明令禁止的。

b） 按工艺文件所规定的技术要求和相应管理文件采购，有原材料/组部件供应商的评估筛选记录。主要原材料/组部件供应商变更有相应的报告，并在相关工艺文件中说明。

c） 按质量管理程序规定进行进厂检验，验收合格后入库，检测记录完整详实，并具有可追溯性。

d） 物资仓库有足够的存储空间和适宜的环境，实行定置管理，分类独立存放，标识清晰、正确、规范、合理。

e） 原材料/组部件使用现场记录内容规范、详实，具有可追溯性。

7.2.2 原材料/组部件检测设备

原材料/组部件检测设备应符合附录 D。

8 数智制造

应用互联网和物联网技术，打造“透明工厂”，生产制造、试验检验、原材料/组部件管理等信息对买方公开，接入国家电网电工装备智慧物联平台。

加强数字基础设施建设，推动数字技术与先进制造技术融合发展。供应商相关业务数据、原材料/组部件检验数据、生产过程检验数据、出厂试验数据、成品信息数据和视频数据等支持自动采集或系统推送。数据接口需保障数据完整性、正确性、安全性，具有可扩展性、通信实时性等。

具有原材料/组部件数据及检验数据接入条件，从原材料采购直至原材料检验入库过程中关键工艺主要包括：

a） 盘形悬式瓷绝缘子：高温氧化铝或矾土、黏土、铁帽、钢脚、水泥 5 项。

b） 盘形悬式玻璃绝缘子：石英砂、铁帽、钢脚、水泥 4 项。

c） 棒形悬式复合绝缘子：混炼胶、芯棒、端部金属附件 3 项。

具有工艺控制数据及检测数据接入条件，生产工艺流程中关键工艺主要包括：

a） 盘形悬式瓷绝缘子：真空炼泥、烧成、瓷件检验、胶装养护、逐个检验 5 项。

b） 盘形悬式玻璃绝缘子：熔制、钢化、冷热冲击、均质处理、胶装养护、逐个检验 6 项。

c） 棒形悬式复合绝缘子：压接、整体注射/挤包穿伞成型、例行拉力 3 项。

具有出厂试验数据接入条件，关键试验流程包括：

a） 盘形悬式瓷绝缘子、盘形悬式玻璃绝缘子：尺寸检查、机电破坏负荷试验、击穿耐受试验、残余机械强度试验 4 项。

b） 棒形悬式复合绝缘子：尺寸检查、端部装配件与伞套间界面密封检查、规定机械负荷验证、陡波前冲击耐受电压试验、护套厚度检查 5 项。

具有视频接入条件，设备视频数据采集应包括：

a） 盘形悬式瓷绝缘子：瓷件检验、逐个检验、机电破坏负荷试验、击穿耐受试验 4 个区域。

b） 盘形悬式玻璃绝缘子：成型、胶装养护、逐个检验、机械破坏负荷试验、击穿耐受试验 5 个区域。

c） 棒形悬式复合绝缘子：成型、压接、规定机械负荷验证、陡波前冲击耐受电压试验 4 个区域。

9 绿色发展

查看供应商资源能源消耗情况、战略体系、绿色认证及其他支撑材料，包括：

a） 相关油、水、气、煤，及电力、热力等能源消耗，建立能源利用统计报表制度，分析生产经营环节能源利用情况。

b） 相关绿色工厂认证、绿色产品标识、绿色供应链管理等相关资质文件。

c） 将绿色发展理念融入战略体系中，并形成明确的绿色发展目标，制定详实且具有操作性的实施路径。

d） 建立、实施并保持支撑企业绿色低碳发展的绿色管理体系情况，包括但不限于能源管理体系、碳排放管理体系、能源计量管理体系等。

e） 使用无害原材料，禁止使用国家明令禁止的淘汰设备、工艺技术等，并应用国家鼓励的节能设备与先进工艺技术情况。

f） 建立完善的绿色采购管理制度，推广绿色包装材料应用，并建立系统的循环利用体系，实施绿色制造情况。

g） 生产环节的大气污染物排放、水体污染物排放、固体废弃物排放、噪声排放等基础排放符合相关国家标准及地方标准要求情况。

10 售后服务及产能

10.1 售后服务

查阅管理文件、组织机构设置、人员档案及售后服务记录等相关信息，查阅以往的售后服务记录，记录完整规范，并具有可追溯性。

10.2 产品产能

通过现场实际情况，根据产品生产产能的瓶颈进行判断。

a） 不同产品的产能瓶颈主要考虑以下设备和工装情况：

  1） 棒形悬式复合绝缘子：注射成型机或模压成型机、挤包穿伞机数量及穿伞工序的工位数量和工人熟练程度。

  2） 盘形悬式瓷绝缘子：窑炉的容积、数量及胶装生产线。

  3） 盘形悬式玻璃绝缘子：玻璃熔炉和成型生产线能力、胶装线（或胶装装置）的数量。

b） 棒形悬式复合绝缘子年产能计算公式：

$$y = ab \times 300 \times 24 \times 60/(cd) \tag{1}$$

式中：

a——适用于该等级绝缘子的注射机数量；

b——单模出数；

c——注射段数；

d——注射时间（min）；

y——设计年生产能力。

c） 盘形悬式玻璃绝缘子年产能计算公式：

$$y = efgh \times 300 \times 24 \times 60 \tag{2}$$

式中：

e——机速（滴/min）；

f——生产线数量（条）；

g——玻璃件合格率（%）；

h——成品合格率（%）。

d） 盘形悬式瓷绝缘子年产能计算公式

$$y = jkmn \times 300/p + qrst \times 300 \tag{3}$$

式中：

j——适合该等级绝缘子的窑炉总容积（m^3，瓷－抽屉窑）；

k——单位体积装载量（片/m^3，瓷－抽屉窑）；

m——瓷件合格率（%，瓷－抽屉窑）；

n——成品合格率（%，瓷－抽屉窑）；

p——烧成周期（天，瓷－抽屉窑）；

q——每日出窑车辆总数（辆/天，瓷－隧道窑）；

r——每窑车产品装载量（片/车，瓷－隧道窑）；

s——瓷件合格率（%，瓷－隧道窑）；

t——成品合格率（%，瓷－隧道窑）。

本文件中所有核实内容都将对供应商参与招投标活动有重要影响，其中标记“※”的内容是以往招标必备项的要求，也是重点核实内容，其他未标记“※”的为一般核实内容。

附　录　A
试验报告包含试验项目

A.1　直流架空线路用棒形悬式复合绝缘子

A.1.1　※定型试验试验项目（参见 GB/T 34937）

定型试验试验项目包括：

a）设计试验：
   1）界面和端部装配件连接试验；
   2）伞和伞套材料试验；
   3）芯棒材料试验；
   4）装配好的芯棒负荷—时间试验。

b）型式试验：
   1）干雷电冲击耐受电压试验；
   2）湿直流耐受电压试验；
   3）湿操作冲击耐受电压试验；
   4）无线电干扰试验；
   5）人工污秽试验（协商试验项目）；
   6）损伤极限验证试验及端部装配件与绝缘子伞套间界面的密封试验。

c）抽样试验：
   1）尺寸检查；
   2）端部装配件检查；
   3）端部装配件与伞套间界面的密封检查和规定机械负荷（SML）验证；
   4）镀锌层试验；
   5）空气中冲击击穿试验。

d）逐个试验：
   1）机械逐个试验；
   2）外观检查。

注：按原 DL/T 810—2012 出具的定型试验报告暂时有效。

A.1.2　委托试验试验项目（参见《国家电网有限公司物资采购标准　绝缘子卷》）

委托试验试验项目包括：

a）120%额定机械负荷 24h 耐受试验（对于系统电压 U_m≥±800kV 的绝缘子，型式试验，试品数量 3 支）；

注：120%额定机械负荷 24h 耐受试验后，除非另有原因（如试验机最大拉伸负荷限制），需进行机械破坏负荷试验，且机械负荷破坏值不低于 120%额定机械负荷。

b） 可见电晕电压试验（型式试验，试品数量 1 支）；

c） 多因素试验（协商试验项目，型式试验，试品数量 2 支）。

A.2 直流盘形悬式（瓷/玻璃）绝缘子

A.2.1 ※定型试验项目（参见 GB/T 19443）

定型试验试验项目包括：

a） 型式试验：

1） 尺寸检查；

2） 雷电冲击电压试验；

3） 直流干、湿耐受电压试验；

4） 机电破坏负荷试验（仅对瓷绝缘子）；

5） 机械破坏负荷试验（仅对玻璃绝缘子）；

6） 离子迁移试验；

7） 空气中冲击击穿试验；

8） 热破坏试验；

9） SF_6 击穿耐受试验；

10）锌套试验；

11）锌环试验；

12）残余机械强度试验；

13）热机性能试验；

14）直流人工污秽耐受电压试验。

b） 抽样试验：

1） 尺寸检查；

2） 体积电阻试验；

3） 轴向、径向和角度偏移的检验；

4） 锁紧装置的检验；

5） 温度循环试验；

6） 机电破坏负荷试验（仅对瓷绝缘子）；

7） 机械破坏负荷试验（仅对玻璃绝缘子）；

8） 空气中冲击击穿试验；

9） 残余机械强度试验；

10）孔隙性试验（仅对瓷绝缘子）；

11）热震试验（仅对玻璃绝缘子）；

12）锌套试验；

13）锌环试验；

14）镀锌层试验。

c） 逐个试验：

1） 外观检查；

2） 机械试验；

3） 电气试验（仅对瓷绝缘子）。

A.2.2 委托试验试验项目（参见《国家电网有限公司物资采购标准 绝缘子卷》）

委托试验试验项目包括：

a） 可见电晕电压试验；

b） 无线电干扰试验；

c） 锌的化学成分分析（提供试验报告）；

d） 水泥胶合剂压蒸膨胀率试验（提供试验报告）；

e） 绝缘子串的污秽性能试验（若有，提供试验报告）。

附 录 B
不同类型绝缘子的检测设备

不同类型绝缘子的检测设备应符合表 B.1。

表 B.1 不同类型绝缘子的检测设备

序号	检测设备
一、直流架空线路棒形悬式复合绝缘子	
1	*冲击电压发生器及陡波测量系统
2	*卧式拉力试验机
3	*锌层测厚仪
4	*锁紧销操作试验装置
5	*尺寸检查器具、量规
6	硅橡胶材料直流耐漏电起痕试验设备
7	硅橡胶击穿场强测试设备
8	硅橡胶万能材料试验设备（抗撕裂强度、机械扯断强度、拉断伸长率）
9	硅橡胶硬度测试仪
10	护套厚度测试仪
11	憎水性测试装置
12	可燃性测试仪
13	*测温仪
14	*金属附件和伞套间界面的渗透性试验器具
15	*水煮试验装置
16	*工频试验成套装置
二、直流盘形悬式绝缘子	
1	*工频火花试验装置（仅对瓷绝缘子）
2	*高频火花试验装置（仅对瓷绝缘子）
3	*万能材料试验机
4	*陡波冲击试验装置（仅对 160kN 及以上瓷、玻璃绝缘子）
5	*锁紧销试验装置
6	*锌层厚度测量仪
7	*尺寸检查器具、通止规
8	*轴向、径向偏移检查装置

表 B.1（续）

序号	检测设备
9	*温度循环试验装置
10	*孔隙性试验装置（仅对瓷绝缘子）
11	*热震试验装置（仅对玻璃绝缘子）
12	可见电晕和无线电干扰试验设备
13	*体积电阻试验装置
14	*锌套、锌环测试装置
注：标*为主要设备。	

附 录 C
现场抽样检测项目和试品数量

C.1 直流棒形悬式复合绝缘子

试品数量：现场随机抽样试品 4 支，其中样本数量 $E_1=3$、$E_2=1$，母本数量不少于被抽样试品数量的 2 倍。芯棒直径相同、金具生产厂家及材质相同、压接工艺及参数相同、机械强度等级相同的系列绝缘子，抽取高电压等级产品的进行试验，结果对这一系列的绝缘子有效。

抽样检测项目应符合表 C.1。

表 C.1 直流棒形悬式复合绝缘子抽样检测项目

项目序号	试验项目名称	试验依据	抽样数量（支）	试验方法
1	尺寸检查	GB/T 34937	E_1+E_2	GB/T 34937
2	镀锌层试验	GB/T 34937	E_2	GB/T 34937
3	端部装配件的检查	GB/T 34937	E_2	GB/T 34937
4	空气中冲击击穿试验	GB/T 34937	E_1中的 1 支	GB/T 34937
5	端部装配件与伞套间界面的密封检查	GB/T 34937	E_2	GB/T 34937
6	1min 额定机械负荷耐受试验	GB/T 34937	E_1	GB/T 34937
7	机械负荷破坏试验	GB/T 34937	E_1	GB/T 34937
8	护套最小厚度检查	Q/GDW 13254.1	E_1	Q/GDW 13254.1
9*	1.2 倍额定机械负荷 24h 耐受试验	Q/GDW 13254.1	E_1中的另 1 支	Q/GDW 13254.1
注 1：带*号的项目仅对最高电压等级、最高机械强度等级的 1 支产品进行试验，且序号 6 项免试。 注 2：对于陡波前冲击耐受电压试验可仅取两端和中间各 1m 的短段按标准规定进行试验。 注 3：第 8 项护套最小厚度检查的试品为机械破坏后的绝缘子完好部分，每支绝缘子任取 3 个位置剖开，测量护套的最小厚度，结果参考 Q/GDW 13254.1 标准的要求。				

C.2 直流盘形悬式（瓷/玻璃）绝缘子

试品数量：现场随机抽样试品 20 片，其中样本数量 $E_1=8$、$E_2=4$、$E_3=8$，母本数量不少于被抽样试品数量的 2 倍。

抽样检测项目应符合表 C.2。

表 C.2　直流盘形悬式（瓷/玻璃）绝缘子抽样检测项目

项号	试验名称	试验依据	抽样数量（片）		接收判据
			瓷	玻璃	
1	尺寸检查	GB/T 19443	E_1+E_2	E_1+E_2	GB/T 19443
2	体积电阻试验	GB/T 19443	E_2	E_2	GB/T 19443
3	轴向、径向和角度偏移的检验	GB/T 19443	E_1+E_2	E_1+E_2	GB/T 19443
4	锁紧装置的检验	GB/T 19443	E_2	E_2	GB/T 19443
5	温度循环试验	GB/T 19443	$E_1+E_2+E_3$	E_1+E_3	GB/T 1001.1
6	机电破坏负荷试验	GB/T 19443	E_1	—	Q/GDW 13252.1
7	机械破坏负荷试验	GB/T 19443	—	E_1	Q/GDW 13252.1
8	空气中冲击击穿试验	GB/T 19443 GB/T 20642	E_2	E_2	Q/GDW 13252.1
9	残余机械强度试验	GB/T 19443	E_3	E_3	Q/GDW 13252.1
10	热震试验（仅玻璃）	GB/T 19443	—	E_2	GB/T 19443
11	孔隙性试验（仅瓷）	GB/T 19443	E_1	—	GB/T 19443
12	锌套试验	GB/T 19443	$E_1/2$	$E_1/2$	GB/T 19443
13	锌环试验	GB/T 19443	$E_1/2$	$E_1/2$	GB/T 19443
14	镀锌层试验	GB/T 19443	E_2	E_2	JB/T 8177
注：可见电晕及无线电干扰性能试验、镀锌层化学分析试验、水泥压蒸膨胀率试验、瓷件实际破坏强度试验均提供近期报告。					

附　录　D

不同类型绝缘子的原材料/组部件检测设备

不同类型绝缘子的原材料/组部件检测设备应符合表 D.1。

表 D.1　不同类型绝缘子的原材料/组部件检测设备

序号	检测设备
一、*直流架空线路复合绝缘子	
1	伞套材料直流耐漏电起痕和电蚀损试验设备
2	硅橡胶直流击穿场强测试设备
3	超高阻计
4	硅橡胶万能材料试验设备（抗撕裂强度、机械扯断强度、拉断伸长率）
5	硅橡胶邵氏硬度测试仪
6	硅橡胶硫化仪
7	硅橡胶憎水性测试装置
8	护套厚度测试仪（仅对注射工艺，超声无损测厚）
9	硅橡胶可燃性测试仪
10	硅橡胶电阻率试验设备
11	芯棒吸水率试验设备
12	芯棒巴氏硬度试验设备
13	芯棒拉伸强度试验设备
14	芯棒耐应力腐蚀试验设备
15	芯棒染料渗透试验设备
16	芯棒水扩散试验设备
17	芯棒测温仪
18	芯棒灯光透视检验设备
19	工频试验成套装置
20	芯棒热态弯曲强度试验设备（仅对注射工艺）
二、*直流盘形悬式绝缘子	
1	内水压试验设备（仅对 160kN 及以上瓷件）
2	冲压强度试验装置（仅对玻璃件）
3	万能材料试验机

表 D.1（续）

序号	检测设备
4	铁帽、钢脚机械拉伸破坏负荷试验装置
5	铁帽、钢脚无损探伤试验装置（仅对 160kN 及以上产品）
6	玻璃件硫化镍均质处理检测设备
7	锌套、锌环测试装置
注：标*为主要设备。	

35kV 及以上输电线路金具供应商资质能力信息核实规范

目　次

35kV 及以上输电线路金具供应商资质能力信息核实规范

1 范围

本文件规定了电力企业对输电线路金具供应商的资质条件及制造能力信息进行核实的依据。

本文件适用于国家电网有限公司对输电线路金具供应商的信息核实工作。包括：

a） 35kV～1000kV、±400kV～±1100kV 一般线路金具；

b） 35kV～1000kV、±400kV～±1100kV 预绞式金具；

c） 35kV～1000kV、±400kV～±1100kV 其他特殊金具。

2 规范性引用文件

下列文件中的内容通过文中的规范性引用而构成本文件必不可少的条款。其中，注日期的引用文件，仅该日期对应的版本适用于本文件；不注日期的引用文件，其最新版本（包括所有的修改单）适用于本文件。

GB/T 2314　电力金具通用技术条件

GB/T 2315　电力金具标称破坏载荷系列及连接型式尺寸

GB/T 2317.1　电力金具试验方法　第 1 部分：机械试验

GB/T 2317.2　电力金具试验方法　第 2 部分：电晕和无线电干扰试验

GB/T 2317.3　电力金具试验方法　第 3 部分：热循环试验

GB/T 2317.4　电力金具试验方法　第 4 部分：验收规则

GB/T 5075　电力金具名词术语

GB/T 16927.1　高电压试验技术　第 1 部分：一般试验要求

GB/T 50545　110kV～750kV 架空输电线路设计规范

DL/T 284　输电线路杆塔及电力金具用热浸镀锌螺栓与螺母

DL/T 683　电力金具产品型号命名方法

DL/T 756　悬垂线夹

DL/T 757　耐张线夹

DL/T 758　接续金具

DL/T 759　连接金具

DL/T 760.3　均压环、屏蔽环和均压屏蔽环

DL/T 763　架空线路用预绞式金具技术条件

DL/T 764　电力金具用杆部带销孔六角头螺栓

DL/T 768.2　电力金具制造质量　锻制件
DL/T 768.3　电力金具制造质量　冲压件
DL/T 768.5　电力金具制造质量　铝制件
DL/T 768.6　电力金具制造质量　焊接件
DL/T 768.7　电力金具制造质量　钢铁件热镀锌层
DL/T 1098　间隔棒技术条件和试验方法
DL/T 1099　防振锤技术条件和试验方法
DL/T 1343　电力金具用闭口销
YB/T 4165　防振锤用钢绞线
Q/GDW 717　双摆防舞器技术条件
Q/GDW 718　线夹回转式间隔棒技术条件
国家电网公司输变电工程通用设计　电气化铁路供电工程金具分册
国家电网公司输变电工程通用设计　110（66）、220kV 输电线路金具图册
国家电网公司输变电工程通用设计　10kV 及 35kV 配电线路金具图册
国家电网公司输变电工程通用设计　330kV～750kV 输电线路金具图册
国家电网公司输变电工程通用设计　35kV 配电线路金具分册
国家电网公司输变电工程通用设计　110（66）kV 输电线路金具分册
国家电网公司输变电工程通用设计　220kV 输电线路金具分册
国家电网公司输变电工程通用设计　330kV 输电线路金具分册
国家电网公司输变电工程通用设计　500kV 输电线路金具分册
国家电网公司输变电工程通用设计　750kV 输电线路金具分册
国家电网公司输变电工程通用设计　±800kV 输电线路金具分册
国家电网有限公司输变电工程通用设计　1000kV 输电线路金具分册

3　资质信息

3.1　企业信息

3.1.1　※基本信息

查阅营业执照。

供应商为中华人民共和国境内依法注册的法人或其他组织。

3.1.2　法定代表人/负责人信息

查阅法定代表人/负责人身份证（或护照）。

3.1.3　财务信息

查阅审计报告、财务报表，其中审计报告为具有资质的第三方机构出具。

3.1.4　资信等级证明

查阅银行或专业评估机构出具的资信等级证明材料。

3.1.5　注册资本和股本结构

查阅验资报告。

3.2 报告证书

3.2.1 ※检测报告

查阅检测报告、送样样品生产过程记录以及其他支撑资料。

a） 检测报告出具机构为国家授权的专业检测机构。检测机构具有计量认证证书（CMA）及中国合格评定国家认可委员会颁发的实验室认可证书（CNAS），且证书附表检测范围涵盖被核实产品的试验项目。

b） 检测报告的委托方和产品制造方是供应商自身。

c） 检测报告的产品类别与被核实的产品相符。

d） 产品的型式试验报告符合相应的国家标准、行业标准、国家电网有限公司物资采购标准规定的试验项目和试验数值的要求，试验报告项目参见附录 A。

e） 不同电压等级的不同产品至少符合附录 B 型式试验报告要求。

f） 当产品在设计、材料或工艺变更后，需重新进行相应的型式试验。

g） 检测报告中载明的报告有效期，国家标准、行业标准、国家电网有限公司采购标准规定的检测报告有效期有差异的，以有效期短的为准；国家标准、行业标准、国家电网有限公司采购标准、试验机构均未明确检测报告有效期的，检测报告有效期按长期有效认定。

3.2.2 鉴定证书

查阅鉴定证书。

a） 鉴定证书的委托方和产品制造方是供应商自身。

b） 鉴定证书的产品类别与被核实的产品相符合。

3.2.3 ※管理体系认证

查阅管理体系认证证书，具有质量管理体系证书，证书在有效期内，有定期年检记录且认证范围涵盖被核实产品。

3.3 产品业绩

查阅供货合同及相对应的合同销售发票。

a） 合同的供货方和实际产品的生产方均为供应商自身。

b） 出口业绩提供报关单、中文版本或经公证后的中文译本合同。

c） 不予统计的业绩有（不限于此）：

1） 与同类产品制造厂之间的业绩；

2） 在实验室或实验站的业绩；

3） 作为元器件、组部件的业绩；

4） 供应商与经销商、代理商之间的业绩（出口业绩除外）；

5） 与非最终用户（即业主单位或负责所供货物运行、生产的单位以外的主体）签订的供货合同；

6） 出口业绩的外贸合同、发票、报关单及对应产品型号等信息资料难以核实或不全的。

4 设计研发能力

4.1 技术来源与支持

查阅与合作支持方的协议及设计文件图纸等相关信息。

4.2 设计研发内容

查阅产品研发的设计、试验、关键工艺技术、质量控制方面的情况。

4.3 设计研发人员

查阅设计研发部门的机构设置及人员信息。

4.4 获得专利情况

查阅与产品相关的专利证书。

4.5 参与标准制（修）订情况

查阅主持或参与制（修）订并已发布的标准及相关证明材料信息。

4.6 产品获奖情况

查阅与产品相关的省部级及以上获奖证书的相关信息。

4.7 商业信誉

查阅企业相关国家、行业或第三方发布的综合实力、品牌等排名。

5 生产制造能力

5.1 ※生产厂房

查阅不动产权证书、土地使用权证、房屋产权证、厂房设计图纸、房屋租赁合同、用电客户编号等相关信息。

具有与产品生产相配套的厂房，不能借用、临时租用，其他公司的厂房，如长期租用提供租赁合同等相关证明文件。厂房面积、生产环境和工艺布局能满足被核实产品的生产要求。

5.2 生产工艺

5.2.1 ※工艺控制文件

查阅供应商提供的工艺控制文件、管理体系文件及工艺流程控制记录等相关信息。

各工序的作业指导书、工艺控制文件齐全、统一、规范。其工艺文件中所规定的关键技术要求和技术参数不低于国家标准、电力行业标准、国家电网有限公司物资采购标准的规定。各工艺环节中无国家明令禁止的行为。

主要生产工序如下：

a）一般线路金具（防舞金具、耐热金具、大跨越金具）：熔炼、浇铸、压铸、锻造、切割、压接、钻孔、焊接、热处理、表面处理、装配等。

b）预绞式金具：成型、绞合、上胶、铺砂、尾端处理、表面处理、装配等。

5.2.2 关键生产工艺控制

查阅工艺流程控制记录等相关资料。

产品工艺技术成熟、稳定。从原材料/组部件到产品入库所规定的每道工序的工艺技术能保证产品生产的需要。生产产品的各个工序按工艺文件执行，现场记录内容规范、详实，具有可追溯性。现场定置管理，有明显的标识牌，主要生产设备的操作规程图表上墙。

5.3 ※生产设备

查阅设备的现场实际情况及购买发票等相关信息。

a） 具有与产品生产相应的设备，不能租用或借用。

主要生产设备包括但不限于：

1） 一般线路金具（防舞金具、耐热金具、大跨越金具）：熔炼设备、加热设备，铸造设备，锻压设备，切割设备，机加工设备，弯管设备，焊接设备等。

2） 预绞式金具：成型设备，铺砂设备，绞合设备，尾端处理设备等。

3） 特高压间隔棒：需具有一般线路金具生产设备。且低压铸造工艺间隔棒另需具有低压铸造设备，加热设备需同时具有加热炉、淬火炉、时效炉；固态模锻或液态模锻工艺间隔棒另需具有相应的锻压设备，加热设备需同时具有加热炉、淬火炉、时效炉。

b） 设备使用正常，定期维护保养，设备上的计量仪器、仪表具有检定报告，并在检定合格期内。建立设备管理档案（如使用说明、台账、保养维护记录等），其维修保养等记录规范、详实，具有可追溯性。

5.4 ※生产、技术、质量管理人员

查阅人力资源部门管理文件（如劳动合同、人员花名册、社保证明等），包括生产、技术、质量管理等人员数量。结合现场实际情况，观察现场人员的操作水平。

a） 具有生产需要的原材料检验、产品检验、关键工艺控制和过程检验的专职生产及技术人员，且不得借用其他公司人员。生产人员培训上岗，操作熟练。

b） 具有质量管理组织机构、质量管理部门及人员。

6 试验检测能力

6.1 ※试验场所

查看试验场所现场情况。

具有与试验产品相配套的试验场所，试验场所环境满足试验要求。

6.2 ※试验检测管理

查阅相关的规章制度文件、原始记录及出厂试验报告等相关信息。

具有试验室管理制度、操作规程、试验标准，并在操作过程中严格按照规程执行。

6.3 ※试验检测设备

查阅设备的现场实际情况及购买合同、发票等相关信息。

a） 具有原材料入厂检验、生产过程检验和产品出厂检验所需的试验检验设备，主要包括但不限于：普通五元素快速分析仪或光谱分析仪等化学成分分析设备、锌层厚度测试设备、拉力试验设备、通止规等。

b） 设备使用正常，具有检定报告，并在检定合格期内。建立设备管理档案（包括

使用说明、台账、保养维护记录等），其维修保养等记录规范、详实。

c） 强检计量仪器、设备具有相应资格单位出具的有效检定证书。

6.4 ※试验检测人员

查阅人力资源部门管理文件（如劳动合同、人员花名册等）、人员资质证书及培训记录。

试验人员能独立完成试验，操作熟练，能理解或掌握相关国家标准、电力行业标准和国家电网有限公司物资采购标准的有关规定，并具有一定的试验结果分析能力。至少具有两名理化检验资质试验人员、两名无损检测资质人员。

6.5 现场抽样

6.5.1 抽查出厂试验报告及原始记录

出厂试验报告记录完整、正确，存档管理。

6.5.2 ※抽样检测

原则上现场需对与被核实产品相同或相近型式的产品进行抽样检验。样品需在供应商声明的合格产品中抽取，抽样检验项目一般在出厂试验项目中选取。抽样检验重点核实供应商试验方法、试验场地环境、人员操作能力、仪器设备有效性和产品性能等方面。

产品数量满足抽样检测要求，试验结果需满足相关标准并一次性通过。

现场从产品库存中任意抽取 2 个类别，每个类别抽取 1 个～3 个产品，现场抽检项目如下：

a） 一般线路金具、耐热金具：

1） 悬垂线夹：外观、尺寸、组装、破坏载荷。

2） 球头挂环、碗头挂板：外观、尺寸、组装、锌层厚度、破坏荷载。

3） 间隔棒：外观、尺寸、组装、线夹拉力、线夹压力、线夹强度。

4） 防振锤：外观、尺寸、组装、锌层厚度、锤头对钢绞线握力。

b） 防舞金具：

1） 线夹回转式间隔棒：外观、尺寸、组装、线夹拉力、线夹压力、线夹强度。

2） 双摆防舞器：外观、尺寸、组装、线夹拉力、压力、线夹强度、摆臂破坏载荷。

c） 预绞式金具：

1） 预绞式悬垂线夹：外观、尺寸、组装、破坏载荷。

2） 预绞式耐张线夹：外观、尺寸、组装、锌层厚度、破坏荷载。

3） 预绞式间隔棒：外观、尺寸、组装、线夹拉力、线夹压力，线夹强度。

4） 预绞式防振锤：外观、尺寸、组装、锌层厚度、锤头对钢绞线握力。

7 ※原材料/组部件管理

7.1 ※管理规章制度

查阅原材料/组部件管理规章制度。

a） 具有原材料/组部件进厂检验制度或标准及原材料/组部件管理制度。

b） 具有主要原材料/组部件供应商筛选制度。

关键原材料、组部件包括：

a） 一般线路金具、防舞金具、耐热金具：铝锭、铝合金锭、铝管、型钢、锻钢件、锌锭、铸铁、标准件、橡胶件等。

b） 预绞式金具：标准件、橡胶件、铝包钢单丝、铝合金单丝、金刚砂等。

7.2 ※管理控制情况

查看原材料/组部件管理规章制度及实际执行记录等情况。原材料/组部件管理需符合以下要求：

a） 设计采用的原材料/组部件不能有国家明令禁止的。

b） 按工艺文件所规定的技术要求和相应管理文件，根据生产计划采购。主要原材料/组部件供应商变更有相应的报告，并在相关工艺文件中说明。

c） 按规定进行进厂检验，验收合格后入库。

d） 分类独立存放，物资仓库满足原材料/组部件存储环境的要求，实行定置管理，标识规范、清晰。

e） 原材料/组部件使用现场记录内容规范、详实，具有可追溯性。

8 数智制造

应用互联网和物联网技术，打造“透明工厂”，生产制造、试验检验、原材料/组部件管理等信息对买方公开，接入国家电网电工装备智慧物联平台。

加强数字基础设施建设，推动数字技术与先进制造技术融合发展。供应商相关业务数据、原材料/组部件检验数据、生产过程检验数据、出厂试验数据、成品信息数据和视频数据等支持自动采集或系统推送。数据接口需保障数据完整性、正确性、安全性，具有可扩展性、通信实时性等。

9 绿色发展

查看供应商资源能源消耗情况、战略体系、绿色认证及其他支撑材料，包括：

a） 相关油、水、气、煤及电力、热力等能源消耗，建立能源利用统计报表制度，分析生产经营环节能源利用情况。

b） 相关绿色工厂认证、绿色产品标识、绿色供应链管理等相关资质文件。

c） 将绿色发展理念融入战略体系中，并形成明确的绿色发展目标，制定详实且具有操作性的实施路径。

d） 建立、实施并保持支撑企业绿色低碳发展的绿色管理体系情况，包括但不限于能源管理体系、碳排放管理体系、能源计量管理体系等。

e） 使用无害原材料，禁止使用国家明令禁止的淘汰设备、工艺技术等，并应用国家鼓励的节能设备与先进工艺技术情况。

f） 建立完善的绿色采购管理制度，推广绿色包装材料应用，并建立系统的循环利用体系，实施绿色制造情况。

g） 生产环节的大气污染物排放、水体污染物排放、固体废弃物排放、噪声排放等基础排放符合相关国家标准及地方标准要求情况。

10 售后服务及产能

10.1 售后服务

查阅管理文件、组织机构设置、人员档案以及售后服务记录等相关信息，查阅以往的售后服务记录，记录完整规范，并具有可追溯性。

10.2 产品产能

产品产能根据现场实际情况及供应商提供的产能计算报告，参考产能计算公式（附录 C）进行核定。

本文件中所有核实内容都将对供应商参与招投标活动有重要影响，其中标记“※”的内容是以往招标必备项的要求，也是重点核实内容，其他未标记“※”的为一般核实内容。

附 录 A
试验报告包含试验项目

各种类型金具试验报告项目参见表A.1。

表A.1 各种类型金具试验报告包含试验项目

金具种类	序号	型式试验项目	抽样试验	例行试验（出厂检验）
悬垂线夹	1	外观	1. 外观 2. 尺寸 3. 组装 4. 破坏载荷	1. 外观 2. 尺寸
	2	尺寸		
	3	组装		
	4	热镀锌锌层		
	5	破坏荷载		
	6	握力		
	7	电晕及无线电干扰		
耐张线夹	1	外观	1. 外观 2. 尺寸 3. 组装 4. 热镀锌锌层 5. 破坏载荷	1. 外观 2. 尺寸
	2	尺寸		
	3	组装		
	4	热镀锌锌层		
	5	破坏荷载		
	6	握力		
	7	电阻		
	8	温升		
	9	热循环		
	10	电晕及无线电干扰		
	11	高温握力（耐热导线金具）		
连接金具	1	外观	1. 外观 2. 尺寸 3. 组装 4. 锌层厚度 5. 破坏荷载	1. 外观 2. 尺寸 3. 非破坏性试验
	2	尺寸		
	3	组装		
	4	热镀锌锌层		
	5	破坏荷载		
接续金具	1	外观	1. 外观 2. 尺寸 3. 组装	1. 外观 2. 尺寸
	2	尺寸		
	3	组装		

表 A.1（续）

金具种类	序号	型式试验项目	抽样试验	例行试验（出厂检验）
接续金具	4	热镀锌锌层	1. 外观 2. 尺寸 3. 组装	1. 外观 2. 尺寸
	5	握力		
	6	电阻		
	7	温升		
	8	热循环		
	9	电晕及无线电干扰		
	10	高温握力（耐热导线金具）		
防振锤	1	外观	1. 外观 2. 尺寸 3. 组装 4. 锤头对钢绞线握力	1. 外观 2. 尺寸
	2	尺寸		
	3	防腐		
	4	线夹对导/地线的握力		
	5	线夹与螺栓紧固		
	6	锤头对钢绞线握力		
	7	线夹对钢绞线握力		
	8	电晕和无线电干扰		
	9	防振锤功率特性		
	10	防振锤防振效果评估		
	11	防振锤疲劳		
间隔棒	1	外观	1. 外观 2. 尺寸 3. 组装 4. 线夹强度 5. 线夹拉、压力	1. 外观 2. 尺寸
	2	尺寸		
	3	组装		
	4	热镀锌锌层		
	5	机械强度： ① 线夹强度 ② 线夹顺线握力 ③ 线夹扭握力 ④ 线夹拉、压力 ⑤ 间隔棒向心力		
	6	振动疲劳： ① 垂直振动疲劳 ② 扭转振动疲劳 ③ 水平振动疲劳 ④ 顺线振动疲劳		

表 A.1（续）

金具种类	序号	型式试验项目	抽样试验	例行试验（出厂检验）
间隔棒	7	间隔棒—分裂导线系统对数衰减率	1. 外观 2. 尺寸 3. 组装 4. 线夹强度 5. 线夹拉、压力	1. 外观 2. 尺寸
	8	电晕和无线电干扰		
	9	弹性元件性能		
线夹回转式间隔棒	1	外观	1. 外观 2. 尺寸 3. 组装 4. 线夹强度 5. 线夹拉、压力	1. 外观 2. 尺寸
	2	尺寸		
	3	组装		
	4	热镀锌锌层		
	5	机械强度： ① 线夹强度 ② 线夹顺线握力 ③ 线夹扭握力 ④ 线夹拉、压力 ⑤ 间隔棒向心力 ⑥ 回转线夹转动疲劳试验		
	6	振动疲劳： ① 垂直振动疲劳 ② 扭转振动疲劳 ③ 水平振动疲劳 ④ 顺线振动疲劳		
	7	间隔棒—分裂导线系统对数衰减率		
	8	电晕和无线电干扰		
	9	弹性元件性能		
双摆防舞器	1	外观	1. 外观 2. 尺寸 3. 组装 4. 线夹强度 5. 线夹拉、压力 6. 摆臂破坏载荷	1. 外观 2. 尺寸
	2	尺寸		
	3	组装		
	4	热镀锌锌层		
	5	机械强度： ① 线夹强度 ② 线夹顺线握力 ③ 线夹扭握力 ④ 线夹拉、压力 ⑤ 间隔棒向心力 ⑥ 摆臂破坏载荷		

表 A.1（续）

<table>
<tr><th>金具种类</th><th>序号</th><th>型式试验项目</th><th>抽样试验</th><th>例行试验（出厂检验）</th></tr>
<tr><td rowspan="4">双摆防舞器</td><td>6</td><td>双摆防舞器振动疲劳：
① 垂直振动疲劳
② 扭转振动疲劳
③ 水平振动疲劳
④ 顺线振动疲劳</td><td rowspan="4">1. 外观
2. 尺寸
3. 组装
4. 线夹强度
5. 线夹拉、压力
6. 摆臂破坏载荷</td><td rowspan="4">1. 外观
2. 尺寸</td></tr>
<tr><td>7</td><td>双摆防舞器—分裂导线系统对数衰减率</td></tr>
<tr><td>8</td><td>电晕和无线电干扰</td></tr>
<tr><td>9</td><td>弹性元件性能</td></tr>
</table>

附　录　B
型 式 试 验 报 告 要 求

各种类型金具型式试验报告要求应符合表 B.1。

表 B.1　各种类型金具型式试验报告要求

金具类型	型式试验报告要求
一般线路金具	
1000kV 特高压交流一般线路金具	有效的型式试验报告，包括：① 具有适配截面不小于 630mm² 导线的悬垂线夹、耐张线夹和防振锤产品的有效型式试验报告，型式试验项目齐全。② 特高压间隔棒（低压铸造）具有低压铸造工艺的特高压工程线路六分裂及以上间隔棒的有效型式试验报告；特高压间隔棒（固态模锻或液态模锻）具有固态模锻或液态模锻工艺的特高压工程线路六分裂及以上间隔棒的有效型式试验报告，型式试验项目齐全
±800kV、±1100kV 特高压直流一般线路金具	有效的型式试验报告，包括：① 具有适配截面不小于 900mm² 导线的悬垂线夹、耐张线夹和防振锤产品的有效型式试验报告，型式试验项目齐全。② 特高压间隔棒（低压铸造）具有低压铸造工艺的特高压工程线路六分裂及以上间隔棒的有效型式试验报告；特高压间隔棒（固态模锻或液态模锻）具有固态模锻或液态模锻工艺的特高压工程线路六分裂及以上间隔棒的有效型式试验报告，型式试验项目齐全
750kV 一般线路金具	有效的型式试验项目，包括：① 悬垂线夹：具有标称破坏载荷 100kN 及以上的悬垂线夹的握力、破坏载荷试验报告。② 耐张线夹：具有适配 400mm² 及以上截面导线的耐张线夹的握力、温升、电阻试验报告。③ 连接金具：具有标称破坏载荷 210kN 及以上的球头挂环和碗头挂板的破坏载荷试验报告，具有标称破坏载荷 160kN 及以上的 U 型挂环、直角挂板的破坏载荷试验报告。④ 接续金具：具有适配 400mm² 及以上截面导线的接续管的握力、温升、电阻试验报告。⑤ 间隔棒：具有六分裂及以上阻尼间隔棒的机械强度、振动疲劳（垂直、水平、扭转）、电晕及无线电干扰试验报告。⑥ 防振锤：具有适配 400mm² 及以上截面导线的防振锤的机械强度、功率特性、振动疲劳、电晕及无线电干扰试验报告。⑦ 金具串：分别提供 500kV 及以上电压等级悬垂金具串和耐张金具串的电晕及无线电干扰试验报告
500（330）kV 一般线路金具	有效的型式试验项目，包括：① 悬垂线夹：具有标称破坏载荷 80kN 及以上的悬垂线夹的握力、破坏载荷试验报告。② 耐张线夹：具有适配 300mm² 及以上截面导线的耐张线夹的握力、温升、电阻试验报告。③ 连接金具：具有标称破坏载荷 160kN 及以上球头挂环和碗头挂板的破坏载荷试验报告；具有标称破坏载荷 160kN 及以上的 U 型挂环、直角挂板的破坏载荷试验报告。④ 接续金具：具有适配 300mm² 及以上截面导线的接续管的握力、温升、电阻试验报告。⑤ 间隔棒：具有四分裂及以上阻尼间隔棒的机械强度、振动疲劳（垂直、水平、扭转）、电晕及无线电干扰试验报告。⑥ 防振锤：具有适配 300mm² 及以上截面导线防振锤的机械强度、功率特性、振动疲劳、电晕及无线电干扰试验报告。⑦ 金具串：分别提供 330kV 及以上电压等级悬垂金具串和耐张金具串的电晕及无线电干扰试验报告

表 B.1（续）

金具类型	型式试验报告要求
220kV 一般线路金具	有效的型式试验项目，包括：① 悬垂线夹：具有标称破坏载荷 70kN 及以上的悬垂线夹的握力、破坏载荷试验报告。② 耐张线夹：具有适配 240mm^2 及以上截面导线的耐张线夹的握力、温升、电阻试验报告。③ 连接金具：具有标称破坏载荷 120kN 及以上球头挂环和碗头挂板的破坏载荷试验报告；具有标称破坏载荷 100kN 及以上的 U 型挂环、直角挂板的破坏载荷试验报告。④ 接续金具：具有适配 240mm^2 及以上截面导线的接续管的握力、温升、电阻试验报告。⑤ 间隔棒：具有两分裂及以上阻尼间隔棒的机械强度试验报告。⑥ 防振锤：具有适配 240mm^2 及以上截面导线的防振锤的机械强度、功率特性、振动疲劳报告
35kV～110kV 一般线路金具	有效的型式试验项目，包括：① 悬垂线夹：具有标称破坏载荷 60kN 及以上的悬垂线夹的握力、破坏载荷试验报告。② 耐张线夹：具有适配 185mm^2 及以上截面导线的耐张线夹的握力、温升、电阻试验报告。③ 连接金具：具有标称破坏载荷 70kN 及以上球头挂环和碗头挂板的破坏载荷试验报告；具有标称破坏载荷 70kN 及以上的 U 型挂环、直角挂板的破坏载荷试验报告。④ 接续金具：具有适配 185mm^2 及以上截面导线的接续管的握力、温升、电阻试验报告。⑤ 间隔棒：具有两分裂及以上阻尼间隔棒的机械强度试验报告。⑥ 防振锤：具有导线适配 185mm^2 及以上截面的防振锤的机械强度、功率特性、振动疲劳试验报告
预绞式金具	
±800kV、1000kV、±1100kV 特高压预绞式金具	有效的型式试验项目，包括具有适配截面不小于 150mm^2 地线的预绞式悬垂线夹、预绞式耐张线夹和预绞式防振锤产品的有效型式试验报告，型式试验项目齐全
750kV、500kV、330kV 预绞式金具	有效的型式试验项目，包括：① 预绞式悬垂线夹：提供标称破坏载荷 100kN 及以上的导线悬垂线夹的握力、破坏载荷试验报告；提供标称破坏载荷 70kN 及以上的地线悬垂线夹握力、破坏载荷试验报告。② 预绞式耐张线夹：同时具有一种导线（截面不小于 300mm^2）的耐张线夹握力试验报告和一种地线（截面不小于 70mm^2）的耐张线夹握力试验报告。③ 预绞式接续金具：同时具有一种导线（截面不小于 300mm^2）的接续条握力、温升、电阻、热循环试验报告。④ 预绞式间隔棒：具有两分裂及以上阻尼间隔棒的机械强度、振动疲劳（垂直、水平、扭转）、电晕及无线电干扰试验报告。⑤ 预绞式防振锤：同时具有一种导线（截面不小于 300mm^2）防振锤的机械强度、功率特性、振动疲劳、电晕及无线电干扰试验报告和一种地线（截面不小于 70mm^2）防振锤机械强度、功率特性、振动疲劳试验报告
220kV 预绞式金具	有效的型式试验项目，包括：① 预绞式悬垂线夹：具有标称破坏载荷 70kN 及以上导线的悬垂线夹的握力、破坏载荷试验报告。② 预绞式耐张线夹：同时具有一种导线（截面不小于 240mm^2）的耐张线夹握力试验报告。③ 预绞式接续金具：同时具有一种导线（截面不小于 240mm^2）的接续条握力、温升、电阻试验报告。④ 预绞式间隔棒：具有两分裂及以上阻尼间隔棒的机械强度、振动疲劳（垂直、水平、扭转）。⑤ 预绞式防振锤：同时具有一种导线（截面不小于 240mm^2）和一种地线（截面不小于 70mm^2）防振锤的机械强度、功率特性、振动疲劳试验报告

表 B.1（续）

金具类型	型式试验报告要求
110（66）kV、35kV 预绞式金具	有效的型式试验项目，包括：① 预绞式悬垂线夹：具有标称破坏载荷 60kN 及以上导线的悬垂线夹的握力、破坏载荷试验报告。② 预绞式耐张线夹：同时具有一种导线（截面不小于 185mm²）的耐张线夹握力试验报告。③ 预绞式接续金具：同时具有一种导线（截面不小于 185mm²）的接续条握力、温升、电阻试验报告。④ 预绞式间隔棒：具有两分裂及以上阻尼间隔棒的机械强度试验报告。⑤ 预绞式防振锤：同时具有一种导线（截面不小于 185mm²）和一种地线（截面不小于 50mm²）防振锤的机械强度、功率特性、振动疲劳试验报告
防舞金具	
防舞金具	有效的型式试验项目，对于防舞间隔棒，具有四分裂及以上防舞间隔棒的机械强度、振动疲劳（垂直、水平、扭转）、电晕及无线电干扰试验报告
耐热金具	
220kV 一般线路耐热金具	有效的型式试验项目，包括：① 悬垂线夹：具有标称破坏载荷 70kN 及以上的悬垂线夹的握力、破坏载荷试验报告。② 耐张线夹：具有适配 240mm² 及以上截面导线的耐张线夹的握力、温升、电阻试验报告。③ 连接金具：具有标称破坏载荷 120kN 及以上的球头挂环和碗头挂板的破坏载荷试验报告；具有标称破坏载荷 100kN 及以上的 U 型挂环、直角挂板的破坏载荷试验报告。④ 接续金具：具有适配 240mm² 及以上截面导线的接续管的握力、温升、电阻试验报告。⑤ 间隔棒：具有两分裂及以上阻尼间隔棒的机械强度试验报告。⑥ 防振锤：具有适配 240mm² 及以上截面导线的防振锤的机械强度、功率特性、振动疲劳报告。⑦ 耐热导线配套金具：提供耐张线夹及接续管的高温握力试验报告
110（66）kV 一般线路耐热金具	有效的型式试验项目，包括：① 悬垂线夹：具有标称破坏载荷 60kN 及以上的悬垂线夹的握力、破坏载荷试验报告。② 耐张线夹：具有适配 185mm² 及以上截面导线的耐张线夹的握力、温升、电阻试验报告。③ 连接金具：具有标称破坏载荷 70kN 及以上球头挂环和碗头挂板的破坏载荷试验报告；具有标称破坏载荷 70kN 及以上的 U 型挂环、直角挂板的破坏载荷试验报告。④ 接续金具：具有适配 185mm² 及以上截面导线的接续管的握力、温升、电阻试验报告。⑤ 间隔棒：具有两分裂及以上阻尼间隔棒的机械强度试验报告。⑥ 防振锤：具有导线适配 185mm² 及以上截面的防振锤的机械强度、功率特性、振动疲劳试验报告。⑦ 耐热导线配套金具：提供耐张线夹及接续管的高温握力试验报告

附　录　C
线路金具产能计算公式

各种类型金具产能核算如下：

a）产能核算公式。

1）整串产能计算：

串产能/日＝（同用途关键设备数量）×［min（单台设备日产量/单串同一元件数量）］×（设备利用率）×（综合产能利用率）×（工厂规模系数）

2）档内金具产能计算：

档内金具产能/日＝（同用途关键设备数量）×（档内金具日产量）×（设备利用率）×（综合产能利用率）×（工厂规模系数）

3）预绞式金具产能计算：

悬垂线夹产能/日＝（预绞式悬垂线夹日产量）×（成型机数量）×（设备利用率）×（综合产能利用率）×（工厂规模系数）

耐张线夹产能/日＝（预绞式耐张线夹日产量）×（成型机数量）×（设备利用率）×（综合产能利用率）×（工厂规模系数）

预绞式防振锤产能/日＝（预绞式防振锤日产量）×（低压压铸机数量）×（设备利用率）×（综合产能利用率）×（工厂规模系数）

预绞式接续条产能/日＝（预绞式接续条日产量）×（成型机数量）×（设备利用率）×（综合产能利用率）×（工厂规模系数）

当生产线为高速生产线时，串配套数量可扩大 3 倍。

注：上述 1）～3）式中：

1）设备利用率＝（$1-\theta$），其中θ为设备停工修理率，本期设备利用率暂定为 1。建议 5 年以内使用年限 θ＝1%，5～10 年以内使用年限 θ＝2%，10 年以上使用年限 θ＝3%。

2）综合产能利用率＝（实际产能/设计产能）100%，一般实际产能小于设计产能，即＜1，建议取 95%。本期暂定为 1。

3）工厂规模系数：一般金具和预绞式金具具备 110kV～750kV 能力的为Ⅰ类，一般线路金具具备 750kV 能力的为Ⅱ类，具备 500kV 能力的为Ⅲ类，预绞式金具具备 750kV 能力的为Ⅰ类，500kV 为Ⅱ类，220kV 及以下的为Ⅲ类。Ⅰ类的工厂规模系数为 2.2～3.0，Ⅱ类的工厂规模系数为 1.5～2.2，Ⅲ类的工厂规模系数为 0.5～1.5。

b）核算判定。计算出串配套总数量后，要对串内不同金具的串配套数量进行比对，建议选最小值或中值作为串产能的核定数，档内金具核法与此相同。

c）核算计算表格。列出串型或档内所有金具元件分别填入表 C.1、表 C.2，进行校核产能。

表 C.1 金具串产能核算表

串名：　　　　　　　　　　　　　　　　图号：

序号	金具名称	串内数量	使用的关键设备名称	单台设备产量/日（24h）	单台设备串配套产量/日（24h）	单台设备串配套总产量/月（24h/日）	同用途设备数量	串配套总产量/月（24h/日）
1								
2								

表 C.2 档内金具产能核算表

金具名称：　　　　　　　　　　　　　　　　型号：

序号	金具名称	使用的关键设备名称	单台设备产量/日（24h）	单台设备产量/日（24h）	单台设备总产量/月（24h/日）	同用途设备数量	总产量/月（24h/日）
1							
2							

d） 供应商补充的数据。为更科学地进行产能核算，供应商针对金具单一品种填写表 C.3。

表 C.3 供应商补充数据表

金具名称：　　　　　　　　　　　　　　　　型号：

设备名称			…
型号			…
已使用年限			…
设计能力			…
模具数量			…

OPGW 金具供应商资质能力信息核实规范

目　次

OPGW 金具供应商资质能力信息核实规范

1 范围

本文件规定了国家电网有限公司对 OPGW 配套金具及附件供应商的资质条件及制造能力信息进行核实的依据。

本文件适用于国家电网有限公司 OPGW 配套金具及附件产品供应商的信息核实工作。包括：

a） 预绞式悬垂线夹；

b） 预绞式耐张线夹；

c） 防振金具（防振锤）；

d） OPGW 光缆附件。

2 规范性引用文件

下列文件中的内容通过文中的规范性引用而构成本文件必不可少的条款。其中，注日期的引用文件，仅该日期对应的版本适用于本文件；不注日期的引用文件，其最新版本（包括所有的修改单）适用于本文件。

GB/T 41 六角螺母 C 级

GB 93 标准型弹簧垫圈

GB/T 95 平垫圈 C 级

GB/T 470 锌锭

GB/T 699 优质碳素结构钢

GB/T 1173 铸造铝合金

GB/T 2314 电力金具通用技术条件

GB/T 2315 电力金具标称破坏载荷系列及连接型式尺寸

GB/T 2317.1 电力金具试验方法 第 1 部分：机械试验

GB/T 2317.4 电力金具试验方法 第 4 部分：验收规则

GB/T 2479 普通磨料 白刚玉

GB/T 5075 电力金具名词术语

GB/T 5780 六角头螺栓 C 级

GB/T 6892 一般工业用铝及铝合金热挤压型材

GB/T 14315 电力电缆导体用压接型铜、铝接线端子和连接管

DL/T 683 电力金具产品型号命名方法

DL/T 756 悬垂线夹

DL/T 757　耐张线夹
DL/T 758　接续金具
DL/T 759　连接金具
DL/T 763　架空线路用预绞式金具技术条件
DL/T 764　电力金具用杆部带销孔六角头螺栓
DL/T 284　输电线路铁塔及电力金具紧固用冷镦热浸镀锌螺栓与螺母
DL/T 766　光纤复合架空地线（OPGW）用预绞式金具技术条件和试验方法
DL/T 768.7　电力金具制造质量　钢铁件热镀锌层
DL/T 832　光纤复合架空地线
DL/T 1099　防振锤技术条件和试验方法
DL/T 1343　电力金具用闭口销
DL/T 5344　电力光纤通信工程验收规范
IEC 60104　架空线路用铝镁硅合金丝线
IEC 61232　电工用铝包钢线
YB/T 4222　预绞式金具用镀层钢丝
YB/T 4165　防振锤用钢绞线
YD/T 814.2　光缆接头盒　第二部分　光纤复合架空地线接头盒
IEC 60104　架空线路用铝镁硅合金丝线
IEC 61232　电工用铝包钢线

3　资质信息

3.1　企业信息

3.1.1　※基本信息

查阅营业执照。

供应商为中华人民共和国境内依法注册的法人或其他组织。

3.1.2　法定代表人/负责人信息

查阅法定代表人/负责人身份证（或护照）。

3.1.3　财务信息

查阅审计报告、财务报表，其中审计报告为具有资质的第三方机构出具。

3.1.4　资信等级证明

查阅银行或专业评估机构出具的资信等级证明材料。

3.1.5　注册资本和股本结构

查阅验资报告。

3.2　报告证书

3.2.1　※检测报告

查阅检测报告、送样样品生产过程记录以及其他支撑资料。

a）检测报告出具机构为国家授权的专业检测机构。检测机构具有计量认证证书（CMA）及中国合格评定国家认可委员会颁发的实验室认可证书（CNAS），且证书附表检测范围涵盖被核实产品的试验项目。

b） 检测报告的委托方和产品制造方是供应商自身。

c） 检测产品类型与被核实的产品相一致。

d） 检测报告中载明的报告有效期、国家标准、行业标准、国家电网有限公司采购标准规定的检测报告有效期有差异的，以有效期短的为准；国家标准、行业标准、国家电网有限公司采购标准、试验机构均未明确检测报告有效期的，检测报告有效期按长期有效认定。

e） 产品的型式试验报告至少包括悬垂线夹、耐张线夹、防振锤（或其他防振金具）和接头盒的型式试验报告，试验报告项目应符合附录 A。

f） 产品的检测报告符合相应的国家标准、行业标准、国家电网有限公司物资采购标准规定的试验项目和试验数值的要求，试验报告项目应符合附录 A。

g） 产品在设计、材料或制造工艺改变或者产品转厂生产或异地生产时，重新进行相应的型式试验。

3.2.2 其他证书（若有请提供）

其他类证书，如鉴定证书等。

查阅相关证书。

a） 证书的委托方和产品的制造方是供应商自身。

b） 证书的产品类别与被核实的产品类别相一致。

3.2.3 ※管理体系认证

查阅管理体系认证证书，具有质量管理体系证书，证书在有效期内，有定期年检记录且认证范围涵盖被核实产品。

3.3 产品业绩

查阅供货合同及相对应的合同销售发票。

a） 合同的供货方和实际产品的生产方均为供应商自身。

b） 出口业绩提供报关单、中文版本或经公证后的中文译本合同。

c） 不予统计的业绩有（不限于此）：

1） 与同类产品制造厂之间的业绩；

2） 在实验室或实验站的业绩；

3） 供应商与经销商、代理商之间的业绩（出口业绩除外）；

4） 与非最终用户（即业主单位或负责所供货物运行、生产的单位以外的主体）签订的供货合同；

5） 出口业绩的外贸合同、发票、报关单及对应产品型号等信息资料难以核实或不全的。

4 设计研发能力

4.1 技术来源与支持

查阅与合作支持方的协议及设计文件图纸等相关信息。

4.2 设计研发内容

查阅产品研发的设计、试验、关键工艺技术、质量控制方面的情况。

4.3 设计研发人员

查阅设计研发部门的机构设置及人员信息。

4.4 获得专利情况

查阅与产品相关的专利证书。

4.5 参与标准制（修）订情况

查阅主持或参与制（修）订并已发布的标准及相关证明材料信息。

4.6 产品获奖情况

查阅与产品相关的省部级及以上获奖证书的相关信息。

4.7 商业信誉

查阅企业相关国家、行业或第三方发布的综合实力、品牌等排名。

5 生产制造能力

5.1 ※生产厂房

查阅不动产权证书、土地使用权证、房屋产权证、厂房设计图纸、房屋租赁合同、用电客户编号等相关信息。

具有与产品生产相配套的厂房，不能借用、临时租用其他公司的厂房，如长期租用提供租赁合同及相应证明文件等。厂房面积、生产环境和工艺布局能满足被核实产品的生产要求。

5.2 ※生产工艺

5.2.1 工艺控制文件

查阅供应商提供的工艺控制文件、管理体系文件及工艺流程控制记录等相关信息。

各工序的作业指导书、工艺控制文件齐全、统一、规范。其工艺文件中所规定的关键技术要求和技术参数不低于国家标准、电力行业标准、国家电网有限公司物资采购标准的规定。各工艺环节中无国家明令禁止的行为。

主要生产工序如：成型、绞合、上胶、铺砂、尾端处理、表面处理、装配等。

5.2.2 关键生产工艺控制

查阅工艺流程控制记录等相关资料。

产品工艺技术成熟、稳定。从原材料/组部件到产品入库所规定的每道工序的工艺技术能保证产品生产的需要。生产产品的各个工序按工艺文件执行，现场记录内容规范、详实，并具有可追溯性。现场定置管理，有明显的标识牌，主要的生产设备的操作规程上墙。

5.3 ※生产设备

查阅设备的现场实际情况及购买合同、发票等相关信息。

a） 生产设备满足被核实产品生产的要求，不能租用或借用。主要生产设备包括但不限于：预绞丝成型设备，绞合设备，尾端处理设备，铺砂设备，机加工设备等。

b） 设备使用正常，设备上的计量仪器、仪表具有检定报告，并在检定合格期内。建立设备管理档案（包括使用说明、台账、保养维护记录等），其维修保养等记录规范详实，具有可追溯性。

5.4 ※生产、技术、质量管理人员

查阅人力资源部门管理文件（如劳动合同、人员花名册、社保证明等），包括生产、技术、质量管理等人员数量。结合现场实际情况，观察现场人员的操作水平。

a） 具有生产需要的原材料检验、产品检验、关键工艺控制和过程检验的专职生产及技术人员，且不得借用其他公司的。生产人员培训上岗，操作熟练。

b） 具有质量管理组织机构、质量管理部门及人员。

6 试验检测能力

6.1 ※试验场所

查看试验场所现场情况。

具有与试验产品相配套的试验场所，试验场所环境满足试验要求。

6.2 试验检测管理

查阅相关的规章制度文件、原始记录及出厂试验报告等相关信息。

具有试验室管理制度、操作规程、试验标准，并在操作过程中严格按照规程执行。

6.3 ※试验检测设备

查阅设备的现场实际情况及购买合同、发票等相关信息。

a） 有原材料入厂检验、生产过程检验和产品出厂检验所需的试验检验设备，主要包括但不限于：卧式拉力试验机、万能材料试验机、锌层厚度测试设备、金属成分分析设备。

b）设备使用正常，具有检定报告，并在检定合格期内。建立设备管理档案（包括使用说明、台账、保养维护记录等），其维修保养等记录规范详实，具有可追溯性。强检计量仪器、设备具有相应资格单位出具的有效检定证书。

6.4 ※试验检测人员

查阅人力资源部门管理文件（如劳动合同、人员花名册等）、人员资质证书及培训记录。

试验人员经过考核培训，持证上岗。试验人员能独立完成试验，操作熟练，能理解或掌握相关国家标准、电力行业标准和国家电网有限公司物资采购标准的有关规定，并具有一定的试验结果分析能力。

6.5 ※现场抽样

6.5.1 抽查出厂试验报告及原始记录

出厂试验报告记录完整、正确，存档管理。

6.5.2 抽样检测

原则上现场对与被核实产品相同或相近型式的产品进行抽样检验。样品在供应商声

明的合格产品中抽取，抽样检验项目一般在出厂试验项目中选取。抽样检验重点核实供应商试验方法、试验场地环境、人员操作能力、仪器设备有效性和产品性能等方面。

产品数量满足抽样检测要求，试验结果满足相关标准并一次性通过。

现场从产品成品库中抽取 4 个类别，每个类别抽取 1 个～3 个产品，现场抽检项目如下：

a） 预绞式悬垂线夹：外观、尺寸、垂直荷载；
b） 预绞式耐张线夹：外观、尺寸、机械破坏；
c） 防振锤：外观、尺寸、重量、锤头对钢绞线的握力；
d） OPGW 接头盒：外观、密封性能。

7 原材料/组部件管理

7.1 管理规章制度

查阅原材料/组部件管理规章制度。

a） 具有进厂检验制度及其他原材料/组部件管理制度。
b） 具有主要原材料/组部件供应商筛选制度。主要原材料/组部件包括铝包钢单丝、铝合金单丝、金刚砂、镀锌钢绞线、铝材、钢材、标准件、橡胶件等。

7.2 ※管理控制情况

查看原材料/组部件管理实际执行情况。

a） 设计采用的原材料/组部件不能有国家明令禁止的。
b） 按工艺文件所规定的技术要求和相应管理文件，根据生产计划采购。主要原材料/组部件供应商变更有相应的报告并在相关工艺文件中说明。
c） 具备原材料/组部件检测设备和能力，按规定进行进厂检验，验收合格后入库。
d） 分类独立存放，物资仓库满足原材料/组部件存储环境的要求，实行定置管理，标识规范、清晰。
e） 原材料/组部件使用现场记录内容规范、详实，具有可追溯性。

8 数智制造

应用互联网和物联网技术，打造“透明工厂”，生产制造、试验检验、原材料/组部件管理等信息对买方公开，接入国家电网电工装备智慧物联平台。

加强数字基础设施建设，推动数字技术与先进制造技术融合发展。供应商相关业务数据、原材料组部件检验数据、生产过程检验数据、出厂试验数据、成品信息数据和视频数据等支持自动采集或系统推送。数据接口需保障数据完整性、正确性、安全性，具有可扩展性、通信实时性等。

9 绿色发展

查看供应商资源能源消耗情况、战略体系、绿色认证及其他支撑材料，包括：

a） 相关油、水、气、煤及电力、热力等能源消耗，建立能源利用统计报表制度，分析生产经营环节能源利用情况。

b） 相关绿色工厂认证、绿色产品标识、绿色供应链管理等相关资质文件。

c） 将绿色发展理念融入战略体系中，并形成明确的绿色发展目标，并制定详实，且具有操作性的实施路径。

d） 建立、实施并保持支撑企业绿色低碳发展的绿色管理体系情况，包括但不限于能源管理体系、碳排放管理体系、能源计量管理体系等。

e） 使用无害原材料，禁止使用国家明令禁止的淘汰设备、工艺技术等，并应用国家鼓励的节能设备与先进工艺技术情况。

f） 建立完善的绿色采购管理制度，推广绿色包装材料应用，并建立系统的循环利用体系，实施绿色制造情况。

g） 生产环节的大气污染物排放、水体污染物排放、固体废弃物排放、噪声排放等基础排放符合相关国家标准及地方标准要求情况。

10 售后服务及产能

10.1 售后服务

查阅管理文件、组织机构设置、人员档案以及售后服务记录等相关信息，查阅以往的售后服务记录，记录完整规范，并具有可追溯性。

10.2 产品产能

产品产能根据现场实际情况及供应商提供的产能计算报告，参考产能计算公式（附录B）进行核定。

本文件中所有核实内容都将对供应商参与招投标活动有重要影响，其中标记“※”的内容是以往招标必备项的要求，也是重点核实内容，其他未标记“※”的为一般核实内容。

附　录　A
OPGW 配套金具及附件试验项目

OPGW 配套金具及附件试验项目应符合表 A.1。

表 A.1　OPGW 配套金具及附件试验项目

金具种类	序号	型式试验项目	抽样试验	例行试验（出厂检验）
预绞式悬垂线夹	1	外观和尺寸	1. 外观 2. 尺寸 3. 垂直荷载	1. 外观 2. 尺寸
	2	材质（非必备）		
	3	握力		
	4	垂直荷载		
	5	转向角		
	6	微风振动疲劳		
	7	舞动疲劳		
	8	短路电流		
	9	抗紫外线性能（非必备）		
	10	热老化（非必备）		
	11	镀锌层（非必备）		
	12	断裂伸长率（非必备）		
	13	盐雾（非必备）		
预绞式耐张线夹	1	外观和尺寸	1. 外观 2. 尺寸 3. 机械破坏	1. 外观 2. 尺寸
	2	材质（非必备）		
	3	握力		
	4	机械破坏载荷		
	5	光测下张力		
	6	微风振动疲劳		
	7	舞动疲劳		
	8	短路电流		
	9	镀锌层（非必备）		
	10	盐雾（非必备）		
防振金具（非防振锤）	1	外观和尺寸	1. 外观 2. 尺寸	外观
	2	消振试验		
	3	微风振动疲劳试验		

表 A.1（续）

金具种类	序号	型式试验项目	抽样试验	例行试验（出厂检验）
防振金具（防振锤）	1	外观检查	1. 外观 2. 尺寸 3. 重量 4. 锤头对钢绞线的握力	外观
	2	尺寸、材料和质量检查		
	3	防腐		
	4	线夹对光缆的握力		
	5	线夹与螺栓紧固试验（仅螺栓型）		
	6	锤头对钢绞线握力		
	7	线夹对钢绞线握力		
	8	功率特性		
	9	防振效果评估		
	10	疲劳		
OPGW 接头盒	1	外观	1. 外观 2. 密封性能	外观
	2	光学性能		
	3	密封性能		
	4	再封装性能		
	5	拉伸		
	6	压扁		
	7	冲击		
	8	弯曲		
	9	扭转		
	10	轴向压缩（非必备）		
	11	温度循环		
	12	持续高温		
	13	振动		
	14	化学腐蚀（非必备）		

附　录　B
产 能 计 算 公 式

OPGW 配套金具产能核算如下：

a）产能核算公式：

1）悬垂线夹产能/日 =（悬垂线夹日产量）×（成型机数量）×（设备利用率）×（综合产能利用率）×（工厂规模系数）

2）耐张线夹产能/日 =（耐张线夹日产量）×（成型机数量）×（设备利用率）×（综合产能利用率）×（工厂规模系数）

3）防振锤产能/日 =（防振锤日产量）×（低压压铸机数量）×（设备利用率）×（综合产能利用率）×（工厂规模系数）

4）接头盒产能/日 =（接头盒日产量）×（压铸机数量）×（设备利用率）×（综合产能利用率）×（工厂规模系数）

注：上述 1）～3）式中：

1）设备利用率 =（1 − θ），其中 θ 为设备停工修理率，本期设备利用率暂定为 1。建议 5 年以内使用年限 θ= 1%，5～10 年以内使用年限 θ= 2%，10 年以上使用年限 θ= 3%。

2）综合产能利用率 =（实际产能/设计产能）100%，一般实际产能小于设计产能，即＜1，建议取 95%。本期暂定为 1。

3）工厂规模系数按照物资部颁发的一纸证明，OPGW 配套金具及附件具备 330kV 及以上的为Ⅰ类，220kV 及以下的为Ⅱ类。Ⅰ类的工厂规模系数为 1.3～1.5，Ⅱ类的工厂规模系数为 1.2～1.3。

b）核算判定。计算出串配套总数量后，要对串内不同金具的数量进行比对，建议选最小值或中值作为串产能的核定数，档内金具核法与此相同。

c）核算计算表格。列出金具分别填入表 B.1～表 B.3，进行产能校核。

表 B.1　金具串产能核算表

名称：　　　　　　　　　　　　　　　　　　图号：

序号	金具名称	串内数量	使用的关键设备名称	单台设备产量/日（24h）	单台设备串配套产量/日（24h）	单台设备串配套总产量/月（24h/日）	同用途设备数量	串配套总产量/月（24h/日）
1								
2								
3								

表 B.2　防振锤产能核算表

名称：　　　　　　　　　　　　　　　　　　　　型号：

序号	金具名称	使用的关键设备名称	单台设备产量/日（24h）	单台设备产量/日（24h）	单台设备总产量/月（24h/日）	同用途设备数量	总产量/月（24h/日）
1							
2							

表 B.3　接头盒产能核算表

名称：　　　　　　　　　　　　　　　　　　　　型号：

序号	金具名称	使用的关键设备名称	单台设备产量/日（24h）	单台设备产量/日（24h）	单台设备总产量/月（24h/日）	同用途设备数量	总产量/月（24h/日）
1							
2							

d）供应商补充的数据。为更科学地进行产能核算，供应商针对金具单一品种填写表 B.4。

表 B.4　供应商补充数据

名称：　　　　　　　　　　　　　　　　　　　　型号：

设备名称			…
型号			…
已使用年限			…
设计能力			…
模具数量			…